Zacharias Heyes

Aufbrechen

Bibliografische Information der Deutschen Nationalbibliothek
Die Deutsche Nationalbibliothek verzeichnet diese Publikation in der Deutschen Nationalbibliografie.
Detaillierte bibliografische Daten sind im Internet über http://dnb.d-nb.de abrufbar.

Ohne Folie
Für unsere Umwelt

1. Auflage 2024
© Vier-Türme GmbH, Verlag, Münsterschwarzach 2024
Alle Rechte vorbehalten

Lektorat: Marlene Fritsch
Gestaltung: Matthias E. Gahr
Fotos: Julia Martin, Abtei Münsterschwarzach
Druck und Bindung: Finidr s.r.o., Český Těšín
ISBN 978-3-7365-0582-7

www.vier-tuerme-verlag.de

Zacharias Heyes

Aufbrechen

Ein Begleiter durch den Advent

VIER TÜRME

INHALT

Die nebenstehenden QR-Codes können Sie mit der Fotofunktion Ihres Smartphone abscannen. Sie führen Sie zu einem Video zum Entstehungsprozess der Krippe **(oben)** und zu einem Video, in dem Pater Zacharias die fertige Krippe vorstellt **(unten)**, die zu Weihnachten 2022 in der Abteikirche Münsterschwarzach aufgestellt war.

AUFBRECHEN

Entstehungsprozess der Krippe 6

JOHANNES

1 Aufbruch nach innen 12
2 Ein Neuanfang 15
3 Wenn die Freude hervorbricht 17
4 Aufbruch in die Wüste 19

MARIA

5 Angst ist kein Name Gottes 24
6 Der Riss 27
7 Die Bergende 30
8 Die Bewahrende 32
9 Vor Freude hüpfen 35

JOSEF

10 Aufbruch für den Engel 37
11 Der Pilger 39
12 Der Hörende 42
13 Aufbruch zur Rettung 44

JESUS

14 Geborgen in Gott 48
15 Gott bricht auf zum Menschen 51
16 Aufbruch des Himmels 54

ENGEL

17 Verkünder und Beschützer 56
18 Boten und Fürsprecher 58

DIE HIRTEN

19 Sich auf den Weg machen 60

DIE KÖNIGE

20 Losgehen 63
21 Unterwegs 65
22 Ankommen 67
23 Leer werden 70
24 Rückkehr, aber anders 71

SILVESTER

Loslassen 75

DREIKÖNIG

Freude, Dank, Empfangen 78

AUFBRECHEN

Entstehungsprozess der Krippe

Am Beginn dieses Buches, das ein Wegbegleiter durch den Advent sein will, möchte ich vom Entstehungsweg der Krippe, die in diesem Buch im Mittelpunkt steht, erzählen. Begonnen hat alles damit, dass ich bald nach meinem Klostereintritt vor über zwanzig Jahren entdeckte, dass es früher auf dem Gelände des Klosters eine eigene Bildhauerei gegeben hat. Sie spielte beim Bau der jetzigen Abteikirche und deren Innengestaltung in den Jahren von 1935 bis 1938 eine große und wichtige Rolle. Durch diese Entdeckung erwachte in mir ein Interesse an der handwerklichen Arbeit des Bildhauens. Ich fühlte mich angesprochen und folgte diesem Impuls. Ich fand einen Bildhauer, bei dem ich einige Grundtechniken lernen konnte. Von Anfang an spürte ich, dass es bei der Arbeit am Stein nicht nur um das Erlernen eines Handwerks ging, sondern dass die Bearbeitung von Stein mit Hammer und Meißel auch ein spiritueller Weg ist. Zum einen ist diese Arbeit Ausdruck meines Selbst, zum anderen formt mich auch der Stein, gibt er mir Gestalt. Ich kann einem Stein nie meinen Willen aufzwingen oder gar gegen ihn arbeiten, sondern ich muss immer schauen, welche Gestalt der Stein mir aus sich heraus anbietet. Das ist im Leben ähnlich: Zum einen geht es um die Selbstentfaltung, zum anderen kann diese aber nur in dem Rahmen gelingen, den mir das Leben steckt und in dem ich meine Verantwortung gegenüber meinem Beruf, meiner Familie habe. Der Stein tritt also in einen Dialog mit mir, und so sehr, wie ich den Stein forme, formt er auch mich. Entscheidend ist die Frage: Was will jetzt durch mich sichtbar werden und Gestalt gewinnen?

Ein ganz wichtiger Gedanke bei dieser Art von Arbeit ist, dass der sogenannte Zufall immer klüger ist als der Verstand. Manchmal entdeckt man erst beim Betrachten des Entstandenen Dinge, die einem während des Gestaltens nicht aufgefallen sind. In einem Bild kann das ein Farbtupfer sein, der heraussticht, oder ein Gesicht, das einen plötzlich daraus anschaut.

Ich erinnere mich zum Beispiel an eine Kursteilnehmerin, die in ihrem Bild auf einmal eine zwar schemenhafte, aber deutlich erkennbare Maria mit Kind entdeckte und davon ganz berührt war.

Es war für mich auch einer dieser »Zufälle«, dass ich im Sommer 2019 in der Abtei Jared Barz kennenlernte, einen Bildhauer aus Hamburg. Er arbeitet mit der Kettensäge und schneidet überlebensgroße Porträts von Menschen aus Baumstämmen. Wir verstanden uns gut, ich war fasziniert von seiner Kunst und so besuchte ich ihn in meinem Sommerurlaub in seinem Atelier. Hier lernte ich die Arbeit mit Holz und Kettensäge kennen. Von Anfang an fühlte ich mich in dieser Art der bildhauerischen Gestaltung sehr wohl, es machte mir Freude. Meine erste Arbeit wurde ein recht abstrakter Elefantenkopf, der den Namen Jakob bekam. Als deutlich wurde, dass es ein Elefant wird, bin ich natürlich der Frage nachgegangen, welche symbolische Bedeutung dieses Tier hat, und habe versucht, das in Beziehung zu meinem Leben zu setzen. Es lag ein tiefer Sinn darin, dass der Elefant sich jetzt in meinem Leben zeigte, davon war ich überzeugt. Ich entdeckte, dass der Elefant für Treue steht, für Erdverbundenheit, Sensibilität und Verantwortung für die eigene Herde. Das sind Eigenschaften, bei denen ich Parallelen ziehen konnte zu meinem Leben in meiner Gemeinschaft.

Als ich aus diesem Urlaub zurückkehrte, war es auch wieder »zufällig«, dass ich erfuhr: Auf dem Abteigelände werden einige Bäume gefällt werden müssen. Also bat ich unsere Mitarbeiter aus der Landschaftspflege, einige von den gefällten Stämmen vor meiner Werkstatt abzulegen. Dahinter stand die Idee, dass ich irgendwann irgendetwas daraus machen könnte. Von Pater Meinrad, der Künstler ist, habe ich den Grundsatz übernommen, dass man nichts wegwerfen sollte. Aus allem kann man noch etwas Neues gestalten. So lagen also diese Baumstämme auf der Wiese vor meiner Werkstatt und harrten ihrer Bestimmung.

Ende 2021 zeichnete sich ab, dass Pater Meinrad die Verantwortung für die Gestaltung der Krippe in der Abteikirche, die jedes Jahr anders aussieht, nach über zwanzig Jahren abgeben wollte. Ich erklärte mich bereit, das zu übernehmen, und begann mir Gedanken zu machen, wie denn im folgenden Jahr die Krippe aussehen könnte.

Durch einen Bericht im Internet über einen Drechsler, der im Ruhestand Krippen herstellt, kam ich auf die Idee, die ich dann realisierte: Aus den Baumstämmen eine Krippe zu gestalten. Als Erstes kam mir eine Idee für Maria. Ich wollte sie als eine ausgehöhlte Figur darstellen, in deren Innenraum oder vielmehr Schoß Jesus als Neugeborenes ruht. Josef wollte ich als Hirte und Pilger darstellen. Den Engel wollte ich erst einmal zurückstellen und mir etwas überlegen, falls ich, wenn die übrige Krippe fertig war, noch Zeit hatte bis Weihnachten.

Als ich mit der Arbeit an der Krippe begonnen habe, war das, was mir letztlich zum Wesentlichen daran geworden ist, noch gar nicht sichtbar. Denn der lange Riss im Holz der Figur der Maria entstand erst, nachdem ich die Figur schon aus dem Baumstamm geschnitten hatte. Der Grund war, dass die Baumstämme zwei Jahre auf einer Wiese gelegen hatten. Als ich sie nun ins Sägewerk brachte und anfing, sie zu bearbeiten, kam das Holz durch den plötzlichen Trocknungsvorgang unter Spannung – und riss die Figur längs auf. Zunächst ärgerte ich mich sehr darüber, zumal der Riss immer weiter zu werden schien und in mir die Angst wuchs, dass die Figur in zwei Teile brechen würde. Mitarbeiter der Schmiede konnten mich beruhigen und überlegten sich für diesen Fall bereits Lösungen, zum Beispiel Maria mit einer großen Metallklammer zusammenzuhalten. Aber sie hielt stand.

Aus diesem Prozess des Risses ist auch der Titel für dieses Buch entstanden: Auf-Bruch. Maria wird sozusagen für den Weg, den Gott mit ihr gehen möchte, aufgebrochen. Aber sie ist auch die, die mit ihrem Gott aufbricht, diesen Weg mit ihm geht, auch wenn sie das so sicher nicht geplant hatte. Trotzdem nimmt sie den Weg an und unter ihre Füße.

Die Baumstämme, aus denen ich die Krippe geformt habe, haben ebenfalls einen Bruch erlebt: Sie wurden gefällt, abgebrochen, wenn man so will. Sie mussten von ihrem bisherigen Platz verschwinden, weil die Gefahr bestand, dass sie einstürzen und Menschen dabei verletzt werden. Aber aus ihnen ist etwas Neues entstanden, sie sind sozusagen verwandelt worden. Der Abbruch war der Aufbruch für Neues.

Der Riss, der sich durch die Figur der Maria zieht, kann ein Bild für unser eigenes Leben sein: An den Orten, an denen in unserem Dasein Brüche entstehen, Wege zu Ende gehen, will Neues werden, vielleicht Ungeplantes, Unerwartetes, oft sicher auch schmerzhaft Neues, das wir uns nicht ausgesucht haben, nicht haben wollten. Das anzunehmen, den Abbruch zum Aufbruch werden zu lassen, erfordert Mut – so wie bei Maria.

Dieses Buch möchte ein Begleiter in solchen Zeiten sein. Ich denke darin über Brüche und Aufbrüche der Menschen und Gestalten nach, die in meiner Krippe einen Platz haben, sowie über biblische Figuren, die in einer Beziehung zum weihnachtlichen Geschehen stehen. Daraus sind 24 »Stationen« entstanden, sodass man an jedem Tag des Advents einen Abschnitt lesen kann. Am Ende begleitet das Buch in das neue Jahr und bis zum Ende der Weihnachtszeit mit Meditationen zum Jahreswechsel und dem Dreikönigstag.

So möchte ich mit diesem Buch Mut machen, auch auf »krummen Wegen« und Umwege zu gehen, sich aufbrechen zu lassen und selbst aufzubrechen, bis man beim Kind in der Krippe und bei sich selbst angekommen ist.

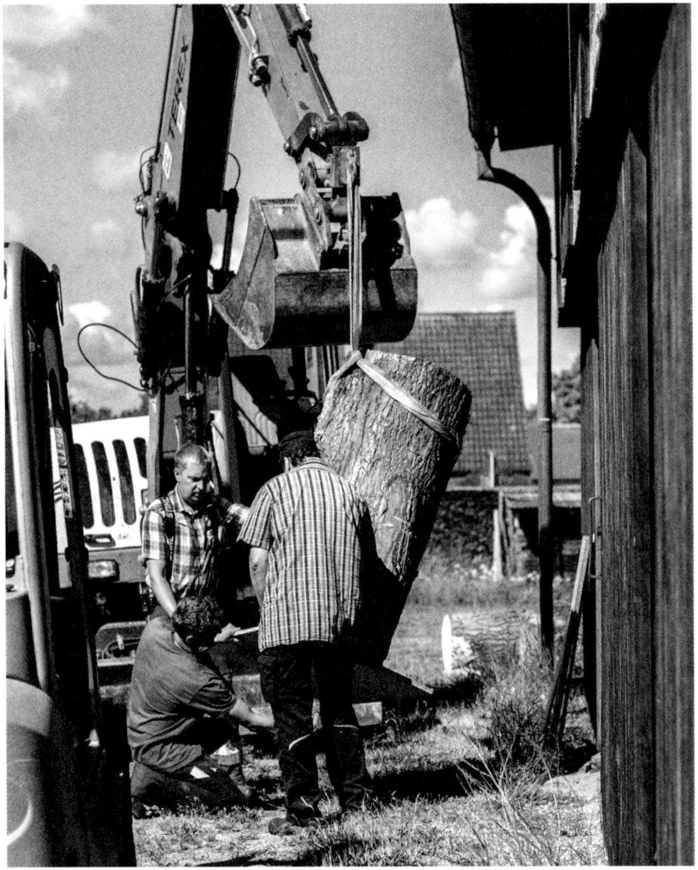

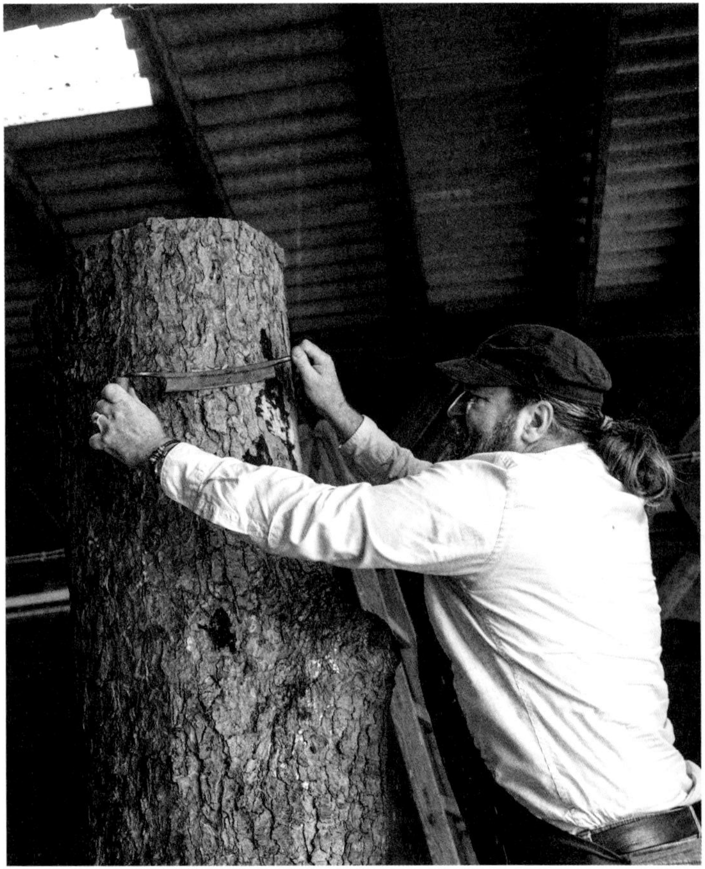

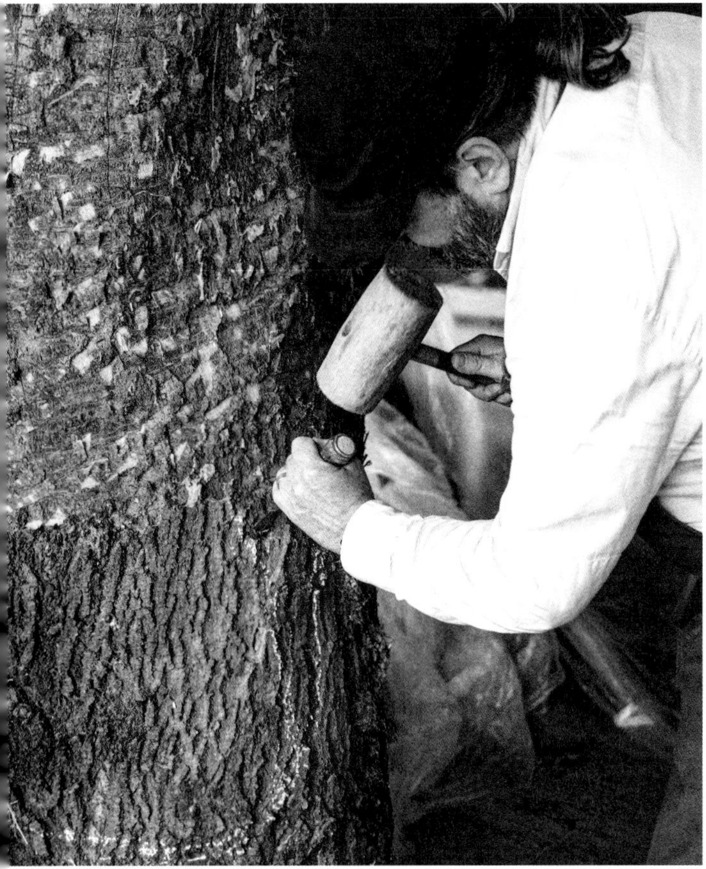

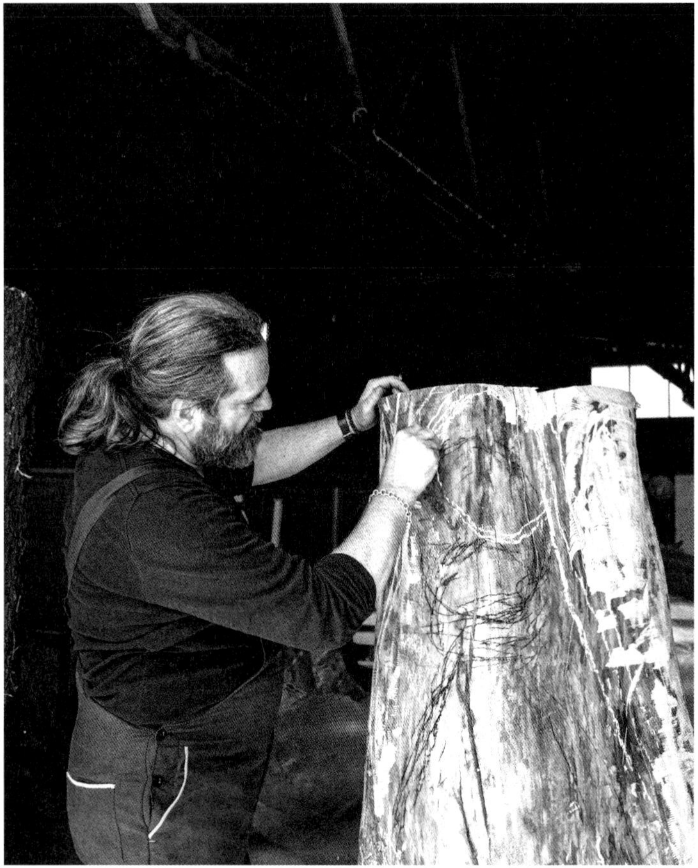

JOHANNES

1 Aufbruch nach innen

Johannes der Täufer ist eine wichtige Gestalt im Advent. Die Tradition hat ihn immer als den Vorläufer Jesu gesehen. Er »bereitet ihm den Weg«, wie es im Alten Testament heißt, und kündigt ihn als den an, den die Menschen erwarten: den Messias, den Erlöser.

Zacharias und Elisabet, die Eltern des Johannes, waren alt und hatten keine Kinder bekommen. Das galt in der damaligen Zeit als Makel. Manche dachten sogar, es sei ein Zeichen, dass man von Gott verworfen wurde. Als Zacharias wieder einmal als Priester die Aufgabe zufällt, im Tempel in Jerusalem das Rauchopfer darzubringen, erscheint ihm ein Engel. Das Erste, was dieser zu ihm sagt, ist: »Fürchte dich nicht!« (Lukas 1,13). Diese befreiende Botschaft findet man in der Bibel an 365 verschiedenen Stellen, sie ist also für das Christentum sicher als zentral zu betrachten. Doch wie viele Menschen sind mit einem strafenden Gottesbild aufgewachsen, wie vielen wurde mit diesem strengen, allwissenden und häufig auch als willkürlich empfundenen Herrscher Angst gemacht. Es ist häufig ein langer Weg, um sich von solchen negativen Gottesbildern zu befreien.

Der Engel dagegen hat hier eine frohe und frohmachende Botschaft für Zacharias: Er verkündet ihm, dass seine Frau schwanger werden wird und er und viele andere sich über die Geburt seines Sohnes freuen werden (vgl. Lukas 1,13–14). Diese Botschaft kann Zacharias aber zunächst nicht glauben. Er kann nicht darauf vertrauen, dass seine Frau und er in diesem hohen Alter noch einmal Glück und Freude, neues Leben erfahren und geschenkt bekommen sollen. Wegen seiner Kleingläubigkeit, so der Engel, wird er bis zur Geburt seines Sohnes, den er Johannes nennen soll (vgl. Lukas 1,20) stumm sein, wird er nichts als schweigen.

Ob dieses Schweigen wirklich ein Stummsein gewesen ist oder ob die Begegnung mit dem Engel ihm schlichtweg die Sprache verschlagen hat, sei dahingestellt. Entscheidend ist und bleibt, dass Zacharias auf diese Botschaft hin den Aufbruch nach innen wagt. Denn kurz darauf erfährt er, dass seine Frau Elisabet tatsächlich schwanger ist, und merkt, dass der Engel recht hatte. Da nun durch sein Stummsein der Kontakt nach außen nur noch sehr eingeschränkt für ihn möglich war, macht er sich sozusagen auf seinen inneren Weg – zu sich selbst und seinem Vertrauen ins Leben. Er versucht, mehr auf seine innere Stimme zu hören, die in der Vielheit der Stimmen im Außen manchmal verloren geht oder übertönt wird.

Paulus spricht vom Menschen als dem Tempel Gottes, der heilig ist. Das heißt nicht weniger, als dass Gott im Menschen wohnt und wir ihn in uns wahrnehmen können. Dafür braucht es jedoch Achtsamkeit, Gegenwärtigwerden, Präsenz im Hier und Jetzt. Es braucht ein Hineinhorchen in mich selbst. Doch auch in mir selbst gibt es viele Stimmen, die laut werden. Wie kann ich Gottes Stimme in mir von all den übrigen, die sagen »tu dies« oder »lass das«, unterscheiden?

Ein Beispiel: Papst Franziskus erzählt, dass ihm während der Papstwahl irgendwann klar wurde, dass er es war, der gewählt werden würde. Da habe er einen großen inneren Frieden gespürt und daran gemerkt, dass es richtig wäre, die Wahl anzunehmen. Nicht umsonst wird der »Gegenspieler« Gottes »Diabolos« genannt, was aus dem Griechischen übersetzt so viel wie der »Durcheinanderwerfer« bedeutet. Alles, was mein Leben ziellos, unsortiert, unklar sein lässt, ist nicht von Gott.

Wenn Entscheidungen in meinem Leben anstehen, ist die richtige Option die, bei der ich mehr Freude, mehr Frieden spüre. Wenn ich in mir Freude spüre oder Frieden, darf ich darauf vertrauen: Das ist Gott. Er ist nicht in dem, was Angst macht und nicht in dem, was Unfrieden in mir stiftet. Häufig sind wir jedoch so mit dem Äußeren, mit den alltäglichen Aufgaben, Begegnungen und Erlebnissen beschäftigt, dass wir diese friedliche, freudige, vertrauensvolle Stimme in unserem Inneren gar nicht wahrnehmen oder ihr nicht zuhören. Vielleicht auch, weil sie uns manchmal infrage stellt oder uns herausfordert, uns anfragt, an unseren Überzeugungen und Haltungen kratzt.

Zacharias kann gerade für den Advent eine Erinnerung für uns sein, bewusst die Stille und die innere Stille zu suchen, um auf unsere innere Stimme, die Stimme Gottes in uns zu hören und unsere Überzeugungen und Haltungen aufzubrechen zu neuen An- und Einsichten.

2 Ein Neuanfang

Als der Sohn von Zacharias zur Welt kommt, geschieht Ungewöhnliches: Wie es der Brauch vorschreibt, wird er am achten Tag nach der Geburt beschnitten. Nachbarn und Verwandte strömen zusammen, um diesem Ereignis beizuwohnen. Die Beschneidung eines männlichen Nachkommen war und ist für Juden bis heute das Zeichen des Bundes, den Gott mit seinem Volk geschlossen hat. Mit der Beschneidung gehört dieser Mensch zu diesem Bund. Man kann diese Tradition von ihrer Bedeutung her mit der Taufe vergleichen, mit der ein Mensch in die christliche Kirche aufgenommen wird. Üblicherweise bekam zur damaligen Zeit der erstgeborene Sohn den Namen des Vaters. Als die Verwandten dem neugeborenen Sohn des Zacharias nun ebendiesen Namen geben wollen, widerspricht seine Frau Elisabet und sagt, dass dieses Kind Johannes heißen soll. Erstaunt fragen die Verwandten nach, warum, denn niemand anderes in der Familie hieß bisher so. Sie wenden sich an Zacharias und fragen auch ihn, welchen Namen das Kind haben soll. Dieser verlangt ein Schreibtäfelchen und notiert: »Sein Name ist Johannes« (Lukas 1,63). Und im nächsten Moment ist seine Stummheit vorüber, er kann wieder sprechen. Im Schweigen hat Zacharias gelernt, der Botschaft des Engels zu vertrauen und daher gibt er seinem Sohn den Namen, den der Engel ihm genannt hatte (vgl. Lukas 1,57–66).

Mit diesem Namen bricht Gott selbst mit der Tradition. Er bricht sie auf und macht allein daran schon deutlich, dass mit Johannes etwas Neues beginnt. »Johannes« bedeutet »Gott ist gnädig«. Das kann man zunächst auf seine Geburt beziehen: Gott erweist Zacharias und Elisabet seine Gnade, er schenkt ihnen noch im hohen Alter dieses Kind. Der Name darf aber auch als Selbstmitteilung Gottes gelten.

Gott *ist* in seinem Wesen Gnade und Erbarmen. Diese beiden Wörter sind nicht nur Attribute für ihn. Und: Wenn in Religion und Kirche immer wieder die Tradition als Argument gegen Neuerungen genannt wird, sollten sich die Verantwortlichen in Erinnerung rufen, dass es Gott selbst ist, der in so vielen Fällen genau mit diesen Traditionen bricht, der immer wieder dem Neuen Bahn bricht und vor allem den Menschen in den Mittelpunkt stellt: »Der Sabbat ist für den Menschen da, nicht der Mensch für den Sabbat« (Markus 2,27). Jesus, den Johannes ankündigt, macht in seinem Reden und Tun den Menschen diesen Gott erfahrbar. Er begegnet ihnen auf Augenhöhe, richtet sie auf, heilt sie, vergibt ihnen ihre Sünden, grenzt sie nicht aus, sondern holt die, die in den Augen der Gesetzeslehrer von Gott verstoßen waren, wieder in die Gemeinschaft hinein. Wer dem Gott Jesu vertraut, auf seine Stimme in seinem Inneren hört, redet und handelt anders – menschlich. Er wird wesentlicher. Das hat Zacharias sozusagen am eigenen Leib erfahren. Er war ein anderer geworden, als er wieder reden konnte.

Manchmal werden Zeiten des Schweigens, des Nachdenkens, der Reflexion erzwungen. Zum Beispiel, wenn sich wie bei Zacharias das Leben ungeplant ändert, eine andere Richtung nimmt und man zunächst keine Worte findet, weil man überrascht ist und in einem Schweigen seine eigene Position dazu finden muss. Menschen suchen aber auch bewusst Zeiten des Schweigens, sie gehen in ein Kloster, ziehen sich in die Stille zurück. Nicht selten deshalb,

weil sie merken, dass sich in ihrem Leben etwas ändern möchte, dass sie eine Entscheidung darüber zu treffen haben, wie ihr Leben weitergeht. Es kann sein, dass sie mit ihrer anstehenden Entscheidung Traditionen brechen, Werte, die sie gelernt und übernommen haben, infrage stellen und ganz neu anfangen. Wenn zum Beispiel jemand merkt, dass es mit seinem Partner nicht mehr weitergeht oder sich neu verliebt, eine neue Beziehung eingeht und mit seinem Versprechen der lebenslangen Treue bei der kirchlichen Hochzeit hadert. Ich denke an eine Frau, die sich von ihrem Mann trennte, weil er alkoholsüchtig war. Sie hat die Situation nicht mehr ausgehalten, war am Ende ihrer Kräfte. Doch nach der Trennung litt sie unter Schuldgefühlen, merkte, dass sie immer noch ihren Mann in Schutz nahm. Es war ein Weg des Reflektierens und der Einsicht, dass die Trennung die einzige Lösung war, damit nicht auch ihr Leben durch ihren Mann und sein Verhalten zugrunde ging.

Aus einem solchen Rückzug ins Schweigen kann aber auch die Erkenntnis eines Nachkommen hervorgehen, dass die Fortführung des Familienbetriebs wirtschaftlich keinen Sinn mehr macht oder nicht der Weg ist, der ihm oder ihr entspricht. Ein solches Überdenken und Brechen von Traditionen, das Gehen eines neuen Weges ist symbolisiert in der Geburt und Namensgebung des Johannes. Der Advent lädt zu (täglichen) Momenten der Stille und des Schweigens ein, zur Betrachtung und Reflexion des eigenen Lebens, der eigenen Werte und Traditionen. Er lädt auch dazu ein, zu erspüren, was noch oder nicht mehr stimmt im eigenen Leben. Ich darf Ja sagen zu meinem Weg, den Gott mir ins Herz gelegt hat.

3 Wenn die Freude hervorbricht

Als Zacharias so plötzlich wieder sprechen konnte, erschrecken die Menschen und reden miteinander über das Geschehene, das so ungewöhnlich war. Zacharias kann sein Glück kaum fassen, dass er sich jetzt wieder mitteilen, an der »Sprachgemeinschaft« teilnehmen kann. Erfüllt von Dankbarkeit brechen die Worte, die so lange im Schweigen verborgen waren, aus ihm heraus, er sprudelt geradezu über vor Freude. In seinem Lobpreis besingt er seinen Gott, der ihm und auch seinem ganzen Volk Erlösung geschenkt hat. Gott vergisst seine Menschen nicht und wendet sich nicht von ihnen ab (vgl. Lukas 1,64–80).

Ein Satz fasziniert mich in diesem Lobpreis besonders, vielleicht auch, weil es mein »Namensvetter« Zacharias ist, der ihn ausspricht: »Er (Gott) hat uns geschenkt, dass wir, aus Feindeshand befreit, ihm furchtlos dienen in Heiligkeit und Gerechtigkeit« (Lukas 1,75). Mit dem Feind, der hier genannt wird, kann vieles gemeint sein: Vordergründig und im biblischen beziehungsweise alttestamentlichen Zusammenhang erinnert es an die Gefangenschaft des Volkes Israel in Ägypten. Psychologisch betrachtet kann damit aber auch der »innere Feind« gemeint sein: Alles, was uns am Leben hindert, alle Situationen, in denen wir uns selbst sabotieren, unserem Glück im Weg stehen oder wir die »falsche Abzweigung« im Leben nehmen. Zacharias hat aber selbst erfahren: Gott befreit von all diesen »Feinden«. Der Mensch ist frei – er muss keine Angst haben. Weder vor Gott noch vor dem Tod. Auch nicht vor dem Leben. Er kann heil und gerecht vor Gott leben. Das ist dann der eigentliche Lobpreis Gottes: nicht mit dem Mund zu loben, sondern durch ein Leben, das so ist, wie Gott es sich für den Menschen gedacht hat. Ohne Angst. Aufrecht. Kraftvoll. In Liebe, Gerechtigkeit und Frieden. Zacharias spürt in seiner Befreiung zum Sprechen, dass Gott wirklich im Menschen und am Menschen wirkt. Durch die Geburt seines Sohnes weiß er zudem, dass für Gott nichts unmöglich ist.

Dass Gott uns Menschen Großes zutraut, macht Jesus deutlich, wenn er sagt: »Ihr seid das Licht der Welt« (Matthäus 5,14). Er spricht nicht im Imperativ, formuliert also keine Aufforderung an den Menschen, sich zu bemühen, Licht zu sein. Er sagt es ihm stattdessen zu.

Seit jeher verbinden Menschen Licht mit Gott. Immer wieder ist in der Bibel vom Licht die Rede. Zu Beginn der Schöpfung heißt es: »Und Gott sprach: Es werde Licht! Und es ward Licht« (Genesis 1,3). Gott ist damit der Ursprung des Lichtes. In ihm ist keine Finsternis (vgl. 1 Johannes 1,5). Im Matthäusevangelium sagt Jesus: »Man zündet auch nicht ein Licht an und setzt es unter einen Scheffel, sondern auf einen Leuchter; so leuchtet es allen, die im Hause sind. So lasst euer Licht leuchten vor den Leuten, damit sie eure guten Werke sehen und euren Vater im Himmel preisen« (Matthäus 5,15–16). Und im Johannesevangelium heißt es: »Da redete Jesus abermals zu ihnen und sprach: Ich bin das Licht der Welt. Wer mir nachfolgt, der wird nicht wandeln in der Finsternis, sondern wird das Licht des Lebens haben« (Johannes 8,12). In der Erzählung von der sogenannten Verklärung Jesu macht Gott nochmals unmissverständlich deutlich, dass er Licht ist und alles Licht von ihm kommt (vgl. Lukas 9,28–36). Ostern, das Fest des Sieges Jesu über den Tod, lebt von der Lichtsymbolik. Im Symbol einer großen Kerze, die in die dunkle Kirche getragen wird, wird die Auferstehung Jesu verkündet. Dieses göttliche Licht soll durch uns in diese Welt hineinstrahlen und das Leben anderer heller machen. Wenn Menschen für andere in einer Kirche eine Kerze entzünden und für sie beten, dann verbinden sie damit die Hoffnung, dass Gottes Licht in ihr Leben strahlt, dass in einem Kranken das Licht der Hoffnung und Zuversicht aufstrahlt, dass ein Arbeitsloser eine Arbeit findet, dass ein Krieg beendet wird, dass die Kinder beschützt sind. Manchmal können wir für andere nicht mehr tun, als sie und ihr Anliegen mit dem Licht vor Gott zu tragen, weil uns die Hände gebunden sind. Es kann aber auch eine Übung im Advent sein, einem anderen Zeit zu schenken, ihm zuzuhören. Oft wird das Leben eines Menschen heller, wenn er sich aussprechen kann, wenn er wahrnimmt, dass ihm jemand zuhört. Oder ich besuche jemanden, von dem ich weiß, dass er einsam ist. Und ich kann andere ermutigen, ihr Licht, das jeder in sich trägt, leuchten zu lassen – wie Jesus es mit seinen Zuhörern gemacht hat. Damit er oder sie in die eigene Größe kommt, die eigenen Talente und Begabungen, das eigene Potenzial lebt und vertraut.

4 Aufbruch in die Wüste

Als Johannes erwachsen ist, lebte er in der Wüste, so erzählt es die Bibel. Er war mit »einem Gewand aus Kamelhaaren« bekleidet und ernährte sich von Heuschrecken und wildem Honig (vgl. Matthäus 3,4). Nicht nur für die sogenannten Wüstenväter ist Johannes hier ein Vorbild gewesen. In der Geschichte des Christentums finden sich auch viele andere Menschen, die sich in die Stille zurückgezogen, den äußeren Lärm, den Kontakt mit anderen Menschen reduziert haben, um in der Stille Gott zu suchen. Auch heute noch ziehen sich von Zeit zu Zeit Menschen zu einem sogenannten Wüstentag zurück. Einen Tag lang sind sie mit sich und Gott allein. Sie können zur Ruhe kommen und in Gebet und Meditation neue Kraft schöpfen. Die Erfahrung zeigt, dass man in solchen Zeiten häufig zunächst in Unruhe gerät, weil all das Verdrängte und Beiseitegeschobene ins Bewusstsein kommt. Es braucht Zeit, das anzuschauen und zu würdigen, aber auch, es anschließend loszulassen. Es ist wie bei einem See: Gehen

Regen und Wind darüber, wird das Wasser trüb. Wenn das Wasser aber ruhig ist, kann man tief, bis auf den Grund schauen. Auf dem Grund der Seele des Menschen, so sagt die geistliche Tradition, wartet Gott. In der Stille kann man tiefer schauen, auf einmal in sich Ruhe und Frieden spüren. Vielleicht sogar wahrnehmen, dass Gott da ist. Oder zumindest »Etwas«, etwas Größeres, das man häufig nicht benennen kann oder ganz verschiedene Namen trägt wie »Seele«, »Alleins« oder »Große«.

Bevor Benedikt die ersten Klöster gründete, suchte auch er Gott in der Einsamkeit. Er zog sich dazu in eine Höhle zurück. Hier setzte er sich mit allem, was in ihm war, auseinander: mit seinen Leidenschaften, seinem Zorn, seiner Wut, seinen Ängsten. Es war eine harte Zeit, aber schließlich mündete sie für ihn in einen inneren Frieden und Gleichklang, der ihn ruhig werden ließ und es möglich machte, dass er zu den Menschen zurückkehrte. In seiner Lebensbeschreibung heißt es: »Unter den Augen Gottes wohnte er bei sich selbst.« Durch alle inneren Kämpfe hindurch war er bei Gott und sich selbst angekommen.

Auch Johannes ist irgendwann aufgebrochen und in die Wüste gezogen, hat die Stille gesucht. Vielleicht spürte er in sich einen »Ruf«, etwas, das ihn dort hinzog. Diese Erfahrung machen heute ebenfalls viele Menschen, und es ist tatsächlich für sie häufig der Grund, sich zurückzuziehen und in der Stille auf das zu hören, was dann laut wird: der Gedanke, etwas ganz anderes oder etwas ganz anders zu machen im Leben, eine Sehnsucht, der man sich nicht entziehen kann.

In seiner Wüstenzeit wird Johannes irgendwann ebenfalls klar, was sein innerer Auftrag ist. In der Bibel heißt es: »Da erging in der Wüste das Wort Gottes an Johannes, den Sohn des Zacharias. Und er zog in die Gegend am Jordan und verkündigte dort überall Umkehr und Taufe zur Vergebung der Sünden« (Lukas 1,2–3). Johannes sah ganz deutlich, dass es an der Zeit war, umzukehren, neu anzufangen, Althergebrachtes aufzubrechen und selbst aufzubrechen zu Neuem.

Das ist gar nicht so einfach, wie es sich häufig anhört. Wirklich umzukehren heißt, auch die eigenen Denk- und Handlungsweisen zu ändern. Manchmal ist es beinahe schon unmöglich, zu einer anderen Zeit als gewohnt aufzustehen oder alltägliche Dinge anders zu tun, als wir sie immer tun. Wie schwer ist es da, sein ganzes Denken zu ändern! Oft sind wir festgefahren, eingefahren, ziehen unsere Bahnen und glauben nicht, dass sich wirklich etwas zum Besseren wenden wird.

Johannes kündigt Jesus an, der später von sich sagen wird, er sei »der Weg und das Leben«. Er versteht sich also als sein Wegbereiter. Er, so sagt Johannes, taufe nur mit Wasser. Der aber, der da kommen wird, wird die Menschen mit Feuer taufen. Gemeint ist, dass Jesus mit dem Heiligen Geist, der Kraft Gottes tauft. Sie wird in der Bibel als Feuer beschrieben. Gemeint ist, dass wir »feurig« leben, erfüllt sind von der Vision, die Jesus hatte – vom Leben der einzelnen Menschen und vom Leben im »Reich Gottes«, wie Jesus es nennt. Das bezieht sich auf das Zusammenleben der Menschen auf der Erde, das gekennzeichnet ist von Gerechtigkeit, Liebe und Frieden.

Umkehr und Taufe mit dem Heiligen Geist meint dann aber, dass wir nicht einfach warten, bis das Reich Gottes gekommen ist. Es ist an uns, es Wirk-lichkeit werden zu lassen. Wir sind es, die es verwirklichen – mit Gottes Hilfe. »Gott hat keine anderen Hände als unsere«, heißt es in einem Gedicht der evangelischen Theologin Dorothee Sölle. Der Advent kann eine Zeit sein, diese Hände Gottes zu nutzen, um die Welt an der Stelle, an der wir stehen, ein kleines Stück besser zu machen.

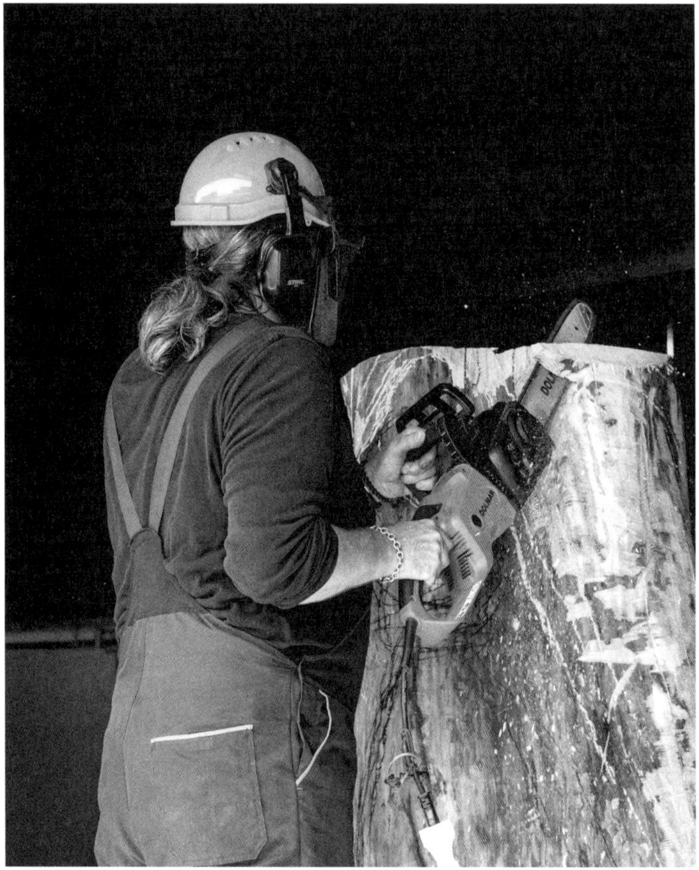
DOLMAR

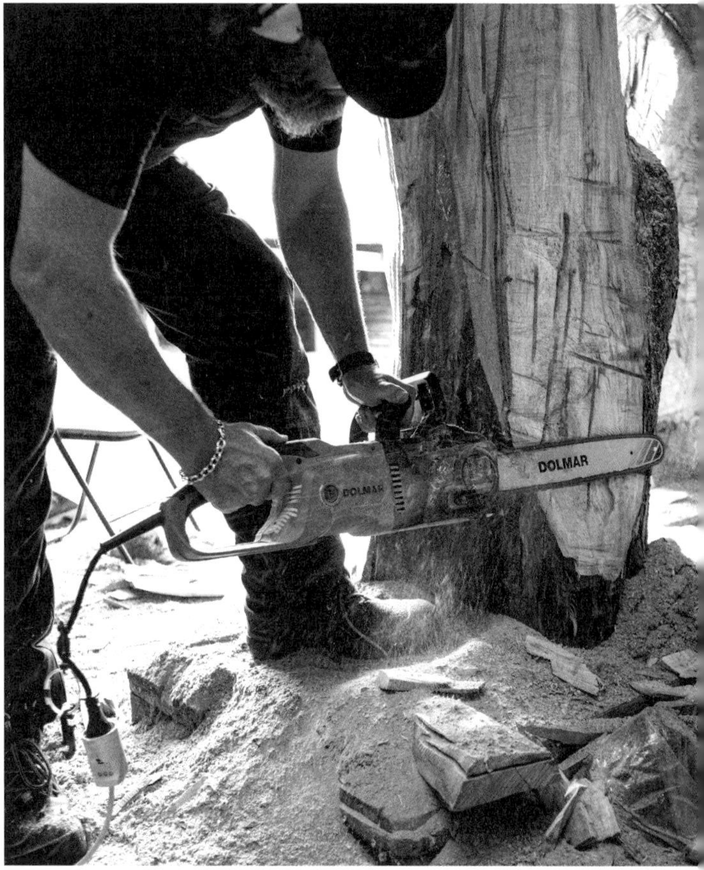
DOLMAR
DOLMAR

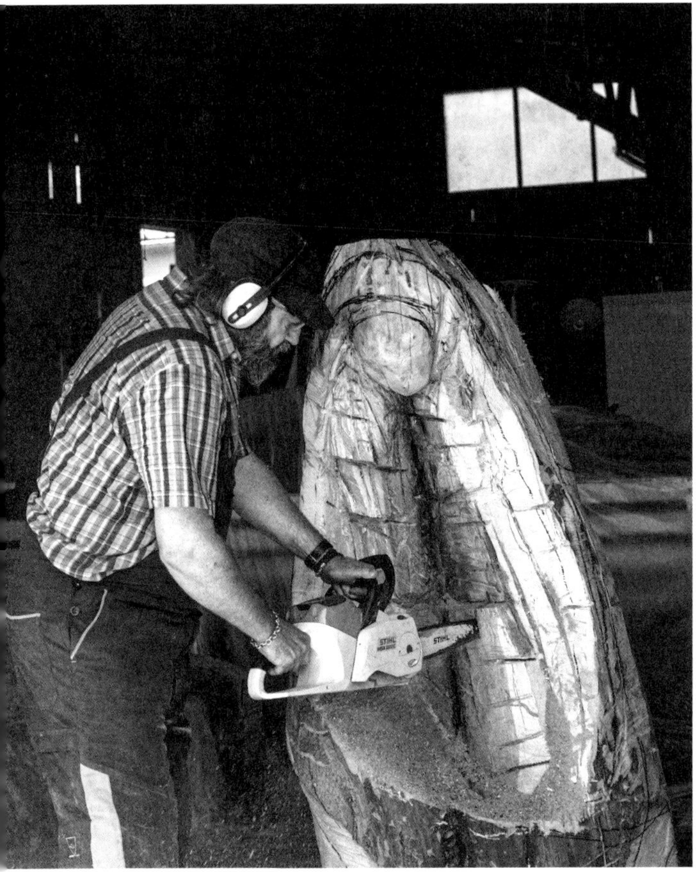
STIHL
STIHL

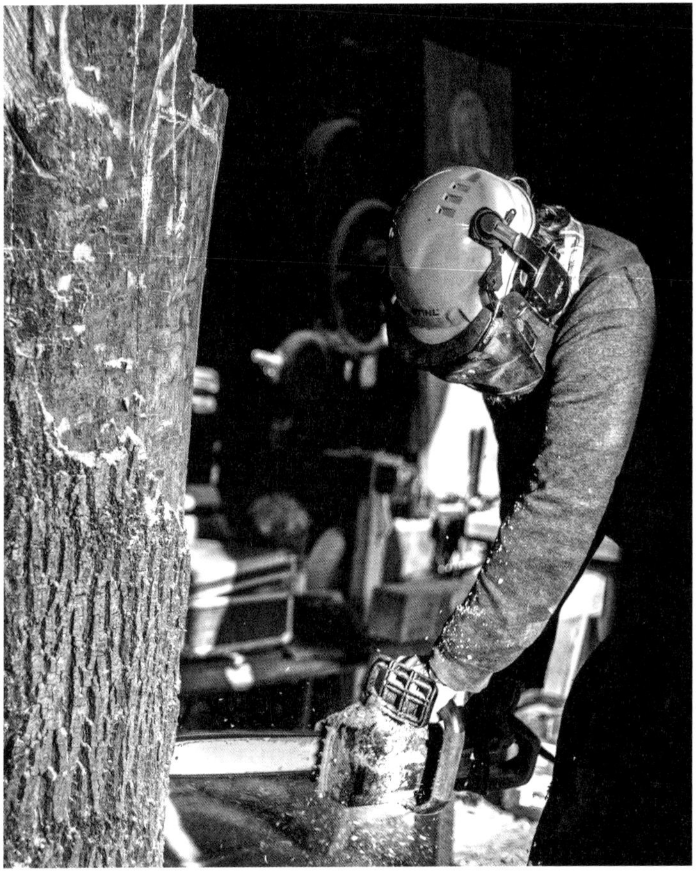

5 Angst ist kein Name Gottes

Als Maria die Nachricht erhält, dass sie den Sohn Gottes zur Welt bringen soll, war sie wohl um die vierzehn Jahre alt. Ein junges Mädchen, aufgewachsen in der jüdischen Kultur, vertraut mit der Heiligen Schrift der Juden und den Gesetzen ihrer Religion. Vielleicht lautet deshalb der erste Satz, den der Engel zu ihr sagt: »Fürchte dich nicht!« (Lukas 1,30). Denn in der jüdischen Tradition war Gott der Allerheiligste, der Unantastbare, der Unnahbare, das Geheimnis schlechthin. Das Allerheiligste – den Ort, an dem im Tempel in Jerusalem die sogenannte Bundeslade mit den Gesetzestafeln, die Mose von Gott bekommen hatte, aufbewahrt wurde und die Symbole der Gottesgegenwart waren – durften nur die Priester betreten. Selbst der Name Jahwe, den Gott

Mose am Dornbusch genannt hatte, durfte nicht ausgesprochen werden.

Dieser unnahbare und Ehrfurcht gebietende Gott tritt nun durch seinen Boten, den Engel Gabriel, in unmittelbaren Kontakt mit Maria. Der Engel spricht sie mit »Du Begnadete« (Lukas 1,28) an. Gnade ist ein altes Wort, dessen Bedeutung vielen nicht mehr klar ist. Am ehesten nähert man sich dem Gemeinten über das Sprichwort »Gnade vor Recht ergehen lassen«. Gnade ist also etwas, was einem Menschen von Rechts wegen nicht zusteht, eher so etwas wie ein Geschenk, etwas Unverdientes. Gott schenkt mit diesem Wort Maria seine Nähe und damit seine Liebe.

In Jesus wird er zudem durch Maria selbst ein Mensch und kommt seinen Menschen damit so nah wie nur irgend möglich. Gott bleibt nicht fern, in sicherer Distanz, sondern er wird einer von ihnen und sucht die Gemeinschaft mit ihnen. Jesus selbst wird einmal sagen, dass die Menschen ihm vorwerfen, er sei ein Fresser und Säufer. Er hat gerne gefeiert, gegessen und auch getrunken, fühlte sich wohl in der Gesellschaft anderer (vgl. Matthäus 11,19).

Das ist die bleibende Botschaft des Jesus von Nazaret: Es gibt keine Distanz zwischen Gott und den Menschen. Es gibt nichts, was sie von Gott trennt. Niemals zieht sich Gott von ihnen, von seiner Welt zurück. Sein Name ist Jahwe, »Ich bin da« (vgl. Exodus 3,14). Alles, was der Mensch über Gott wissen muss, ist in diesen drei Wörtern enthalten. Maria erfährt dieses Da-Sein Gottes, seine Nähe in der Begegnung mit dem Engel.

»Fürchte dich nicht!« – ein Satz, den die Boten Gottes in der Bibel immer wieder zu den Menschen sagen. Gleiches bekommt beispielsweise Zacharias gesagt, als ihm der Engel im Tempel erscheint. Gott möchte, dass wir im Kontakt mit ihm, in Berührung mit ihm angstfrei sind. Vielmehr als die Angst sollen wir durch die Offenheit für Gottes Plan mit jedem von uns bewegt werden, dass jeder diesen Plan auf seinen Wegen in die Welt trage.

Paulus hat einmal gesagt: »Wir wollen nicht Herren über euren Glauben sein, sondern wir sind Diener eurer Freude« (2 Korinther 1,24). Ich finde das ein wunderbares Wort. Menschen sollen Freude an Gott haben, an seiner Nähe, an seiner Freundschaft, und

Frieden im Herzen. Sie leben also gottgerecht, wenn sie im Einklang mit sich sind, mit sich und dem Leben zufrieden, und sich von Gott begleitet, gestärkt, geborgen, aufgehoben, geliebt fühlen.

Wir brauchen keine Angst zu haben vor irgendwelchen Autoritäten, die festlegen, was der richtige und falsche Glaube ist, wer dazugehört und wer nicht, wer draußen ist und wer drinnen. Gott ist bei uns. Mehr muss man nicht wissen. Jemand hat mir einmal den schönen Satz gesagt: »Es ist egal, was vor mir liegt, wenn ich weiß, wer hinter mir steht.«

Vielleicht hat Maria genau das gefühlt in diesem Moment, als sie den Engel trifft. Und daher kann sie Ja sagen zu dem Plan, den Gott mit ihr hat, obwohl sie sicher keine Ahnung hatte, was das für sie bedeutet, wie das alles werden soll in der Zukunft: ein Kind, das auch noch Gottes Sohn ist! Sie findet in diesem Augenblick Vertrauen in die Wege Gottes, auch wenn Gottes Plan nicht ihrem Plan entspricht. Aber sie weiß, dass Gott hinter ihr steht.

Vielleicht würde es uns leichter fallen, Ja zu unserem Leben zu sagen, wenn ein solcher Engel uns begeg-

nen würde, der zu uns sagt: »Fürchte dich nicht!« Gerade auch zu den Wegen, die uns das Leben zumutet, die wir niemals freiwillig so gewählt hätten, die schwierig und manchmal nicht bewältigbar erscheinen. Aber was der Engel zu Maria gesagt hat, gilt allen Menschen, auch heute noch. Vielleicht gelingt es uns, uns vorzustellen, dass Gott immer hinter uns steht und wir keine Angst haben müssen. Weil Gott Ja zu jedem Einzelnen von uns gesagt hat und mit uns geht – auf den einfachen, vor allem aber auf den schweren Wegen in unserem Leben.

6   Der Riss

Erst im Lauf der Arbeit an der Figur der Maria wurde mir die tiefe Bedeutung des Risses inmitten der Figur bewusst. Ein Mitbruder meinte, als die Krippe an Heiligabend 2022 in der Kirche stand: »Was man hier lernt, ist: Der Zufall ist klüger als der Verstand!« Dieser »Zufall«, der den Riss verursachte, verdeutlichte mir immer mehr, in welche Zerreißprobe Maria durch die Begegnung mit dem Engel gekommen ist.

So viele Fragen mag sie gehabt haben: Soll sie ihm trauen? Soll es wirklich wahr sein, dass sie Mutter eines Kindes wird, das Gottes Sohn ist? Soll sie den Weg wagen? Was würde passieren, wenn sie Nein sagte, sich dem Willen Gottes widersetzen würde? Maria war eine junge Frau, eigentlich noch ein Kind. Für uns heute wäre eine Schwangerschaft in diesem Alter mehr als fragwürdig, vielleicht sogar anstößig. Damals war zumindest anstößig, dass sie mit Josef noch gar nicht verheiratet war. Und dann soll sie schwanger werden? Und nicht mal von ihrem Mann? Was wird Josef dazu sagen? Und auch ihre Eltern, die anderen im Dorf? Wird sie ausgestoßen werden aus der Gemeinschaft? Für Maria waren es also sehr existenzielle Fragen, mit denen sie hier konfrontiert war. Im schlimmsten Fall, wenn Josef sie nämlich verstieß, wäre ihr Leben und das ihres Kindes bedroht.

In dieser Zerrissenheit aber wird sie aufgebrochen, wird sie offen, öffnet sie sich Gott und dem Kind, das sie empfangen soll. Der Gott, der Licht, Liebe, Frieden ist, bricht in sie ein und bricht in Jesus auf zu allen Menschen. Sein Licht in Gestalt des Engels hüllt Maria ein und macht ihr eine größere, andere Wirklichkeit erfahrbar, die wir mit dem Namen Gott beschreiben, besser noch umschreiben. Deshalb ist der Riss in der Figur der Maria auch beleuchtet, fällt das Licht durch die Maria auf das Kind.

Menschen, die eine sogenannte Nahtoderfahrung gemacht haben, sprechen immer wieder von dem Licht, das sie gesehen haben, dem sie entgegengegangen sind, und sie erzählen, wie warm, hell und friedlich es gewesen sei. Dass Maria hier Gott selbst begegnet, schenkt ihr in aller Zerrissenheit der Situation auch Frieden. Gott ist ein Gott der Befreiung, der Liebe und des Friedens. Er will niemandem Böses und er will Menschen auch nicht in Abgründe oder den Tod stürzen. Auch wenn seine Wege für uns Menschen manchmal unerklärlich bleiben, unverstehbar, nicht nachvollziehbar. Zu dem Unverstehbaren gehört zudem, dass gerade die Bruchstellen meines eigenen Lebens, meine Verletzungen Orte sein können, an denen die Gnade Gottes in mich einbricht.

Paulus meint: »Wenn ich schwach bin, bin ich stark« (2 Korinther 12,10). Er drückt damit seine Erfahrung aus, dass er gerade dann, wenn er sich schwach gefühlt hat, Gottes Kraft in sich gespürt hat, die ihn aufrichtete und weitergehen ließ. Wenn ich nicht mehr weiterweiß, keine Kraft mehr habe, am Boden liege, dann kann das der Moment sein, in dem ich keine andere Chance habe, als all meine Hoffnung auf Gott zu setzen und ganz auf mein Gottvertrauen zu bauen. Gerade in solchen Momenten kann sich ein Weg öffnen, der Gottes Weg mit mir ist.

Ich erinnere mich an einen jungen Mann, der in seinem Studium psychosomatisch erkrankte. Die Krankheit hat ihm gezeigt, dass er seinen Weg so, wie er ihn sich gedacht hatte, nicht weitergehen konnte. Das wäre Raubbau an seiner Gesundheit gewesen. Seine Suche danach, wie es weitergehen könnte, führte ihn zu uns Mönchen und er entdeckte den benediktinischen Weg für sich.

Ich selbst machte eine ähnliche Erfahrung, als ich in einer Krise, die mir alle Kraft raubte, sozusagen auf den Jakobsweg gestoßen wurde, den ich, als die Entscheidung getroffen war, voller Kraft gehen konnte und der mich zu einem inneren Wachstum führte, mir Gottvertrauen, Gelassenheit und Herzensweite schenkte. Ich erinnere mich ebenfalls an eine Frau, deren Leben vollkommen auf dem Kopf stand, als ihr Mann sich von ihr trennte und sie allein ganz von vorne beginnen musste. Letzten Endes entdeckte sie einen Weg, der ihr noch einmal eine ganz neue Lebensperspektive und Lebendigkeit zeigte, sie erfahren ließ, dass sie neben der Rolle als Mutter und Ehefrau auch noch jemand ganz anderes sein konnte und sein wollte.

All das gehört zur Menschwerdung dazu: das Eingeständnis von Schwachheit und Am-Ende-Sein, das Bewusstwerden und Anschauen von seelischen Verletzungen, Ängsten und Schmerzen. Und auch, zuzugeben: Ich kann nicht alles und muss nicht alles können. Solche Erlebnisse hinterlassen »Risse« in uns, Wunden, die bleiben und uns an diese Zeiten erinnern.

Vielen Menschen sind diese Wunden jedoch auch kostbar, weil sie das Leben in einer Tiefe erfahren haben, die sie sonst vielleicht nie erlebt hätten. Und: Sie spüren, dass die Wunden verheilen. Dass es vielleicht anders, als gedacht, anders, als man sich das gewünscht hätte, wird. Aber trotzdem auch wieder gut.

Dazu gibt es eine schöne Geschichte in der Bibel: Als Jakob sich nachts am Jabbok seinem Gegner, der Gott ist, stellt und mit ihm ringt (vgl. Genesis 32,23–33), lässt er ihn nicht los, bis dieser ihn gesegnet hat. Jakob geht aus diesem Kampf mit einer Wunde an der Hüfte hervor und hinkt von da an.

Wir kommen nicht ohne Schrammen, ohne Wunden, ohne Verletzungen durch dieses Leben. Aber auch nicht ohne die Verheißung, dass da ein Licht ist, dass da ein Gott ist, der heilt, der trägt, der die Wunden in seine heilende Nähe taucht, dass jemand seine Nähe auf meine Wunden legt, segnet und neue Kraft schenkt. Nach seiner Auferstehung trägt Jesus immer noch seine Wunden. Aber sein Leuchten und Strahlen ist stärker. Es macht ihn durchsichtig für das Licht. So ähnlich, wie die Krippenfigur der Maria, die erst durch den Riss im Holz durchsichtig, durchlässig wird für das Licht. Sie bricht dadurch nicht auseinander und zerbricht auch nicht daran, sondern hält stand und geht mit Gottes Kraft und Licht ihren Weg.

7 Die Bergende

Die Figur der Maria in meiner Krippe habe ich ausgehöhlt. In den so entstandenen Innenraum hinein wird das Jesuskind gelegt. Dieser leere Innenraum war für mich ein Symbol für die Offenheit und Empfangsbereitschaft Marias, zwei Haltungen, die mir immer wieder im biblischen Text über sie ins Auge springen: Nach der Begegnung mit dem Engel Gabriel und ihrem inneren Ja zu Gottes Plan mit ihr war sie offen und empfangsbereit für Jesus, in dem Gott Mensch werden wollte. Sie hat ihn empfangen, ihn unter ihrem Herzen neun Monate lang getragen. Durch sie hat Jesus das Licht der Welt erblickt, sie hat ihn in ihrem Schoß gehalten. Jesus liegt daher in meiner Krippe als der Geborgene in Marias Schoß.

Das hebräische Wort für Gebärmutter und Mutterschoß, *rechem*, ist eng verwandt mit dem Wort für Barmherzigkeit, *rachamim*. Wenn Jesus nicht müde wird, von einem barmherzigen Gott zu sprechen, dann ist damit auch gemeint, dass der Mensch sich bei diesem Gott bergen, sich geborgen fühlen darf, angenommen und geliebt. So wie sich das Jesuskind in Maria birgt, darf sich der Mensch bei Gott bergen. Maria ist damit ein Sinnbild für den weiblichen, mütterlichen Aspekt Gottes. Wenn wir heute vom barmherzigen Gott sprechen, meinen wir eigentlich dessen warme und lebenspendende Seite. Jeder Mensch trägt in sich die Sehnsucht nach einem Ort der Geborgenheit. Gott bietet uns einen solchen Ort an. Als Mensch darf ich seine Barmherzigkeit an mir geschehen lassen, darf ich glauben und vertrauen, dass ich unendlich geliebt und geborgen bin bei Gott.

Gerade wenn Menschen Schlimmes erlebt haben und/oder traumatisiert wurden, ist es in der therapeutischen Aufarbeitung dieser Erfahrungen wichtig, dass sie einen Ort haben, an dem sie sicher sein können, dass ihnen kein neues Unheil geschieht, dass für sie gesorgt ist, es Menschen gibt, die ihnen bei den anstehenden Schritten zurück ins Leben helfen. Das kann heute eine Definition von Barmherzigkeit sein: anderen so zu begegnen, dass sie sich sicher fühlen, wissend, dass sie geborgen und aufgehoben sind. Dann aber ist ein barmherziger Mensch einer, der gütig ist und Geborgenheit schenkt, in der Leben

gedeihen kann, in der Angst keinen Raum hat und in der ein Mensch sich entfalten kann. Solche Räume anzubieten, wäre auch Aufgabe von Kirche heute.

Übersetzt man in diesem Sinn die Botschaft von Weihnachten ins Heute, bedeutet das, dass Gott überall dort erfahrbar wird, wo wir als Menschen Geborgenheit und Barmherzigkeit weiterschenken, indem wir anderen mütterlich, barmherzig, warmherzig, empathisch begegnen. Wenn wir anderen Geborgenheit schenken und ihnen mitmenschlich begegnen, wird Gott durch uns erfahrbar – und damit das, was an Weihnachten geschehen ist: Gott wurde Mensch.

8 Die Bewahrende

Alles, was rund um die Geburt Jesu geschah, bewahrte Maria, so heißt es in der Bibel, »in ihrem Herzen« (vgl. Lukas 2,19). Damit ist wohl gemeint, dass sie darüber nachdachte. Heute würden wir vielleicht sagen, sie meditierte das Geschehen: eine Betrachtung, die in ein tieferes Verstehen dessen führt, was es mit ihr, mit der Botschaft des Engels und dem Kind wirklich auf sich hat und was es bedeutet, dass in diesem Kind Gott zur Welt gekommen ist.

Es gibt Dinge, die lassen sich mit dem Verstand nicht erklären und verstehen. Sie erschließen sich nur aus dem Herzen heraus. Für Maria begann das sicher schon mit dem Erscheinen des Engels, der ihr verkündete, dass sie schwanger werden würde. Immerhin traute sie sich, zurückzufragen, wie das denn geschehen soll, ohne das Mitwirken eines Mannes. Die Antwort des Engels, dass der Heilige Geist sie überschatten und sie dadurch Jesus empfangen

werde, macht es nicht nachvollziehbarer oder verständlicher. Den Heiligen Geist kann man rational nicht nachweisen oder belegen. Er bleibt eine Sache des Glaubens und des Herzens, vielleicht auch des Spürens. Manchmal sagt man nach einem Gespräch, einem gemeinsamen Erlebnis: »Da war jetzt ein guter Geist drin.« Da hat dann nach christlicher Überzeugung der Heilige Geist mitgeholfen, dass etwas gelungen ist oder das Erlebte eine Tiefe bekommen hat, die nicht erklärbar, nicht in Worte zu fassen, aber für alle Beteiligten spürbar geworden ist.

Immer wieder wurde und wird in diesem Zusammenhang darüber diskutiert, ob Maria wirklich Jungfrau gewesen ist oder ob die sogenannte Jungfrauengeburt nicht aus einem Übersetzungsfehler entstanden ist und so aus der »jungen Frau Maria« die »Jungfrau Maria« wurde. Andere diskutieren, ob sie nicht doch mit Josef geschlafen hat und in dieser Begegnung Jesus gezeugt worden ist. Was wahr bleibt, ganz unabhängig von dem, was nun wirklich geschehen ist: Der Mann Jesus von Nazaret ist von Gottes Geist erfüllt, durchdrungen, in ihm wirkt eine göttliche Kraft, er ist ausgestattet mit göttlicher Vollmacht. Er ist von Gottes Geist erfüllt (vgl.

Markus 1,22). Das haben die Menschen, die ihm begegnet sind, die mit ihm zu tun hatten, am eigenen Leib erfahren.

Maria wird gespürt haben, dass in ihr etwas zutiefst Geheimnisvolles und Göttliches, etwas Besonderes geschehen ist. Eine Erfahrung, die viele Menschen gerade in den kreativen Kursen im Gästehaus unserer Abtei immer wieder machen. Es fühlt sich beinahe an wie eine Neugeburt: Innere Prozesse kommen in Gang, die Verhärtungen ins Fließen bringen, innere Knoten lösen, die Annahme von Erlebtem sowie Vergebung ermöglichen. Diese Prozesse sind im Inneren wie zarte Berührungen, kleine Pflänzchen, die einfühlsame Pflege brauchen. Dazu zählt auch der Schutz solcher Erfahrungen, denn in solchen Momenten ist die Seele des Menschen ganz offen, empfänglich, aber eben auch verletzbar und empfindlich. Damit geht man nicht auf den Marktplatz, erzählt es herum, weil die Gefahr besteht, dass andere das Geschehene zerreden, kleinreden, nicht damit umgehen können.

Erst im Wahrnehmen, im Betrachten, im Ertasten dessen, was geschehen ist und noch immer geschieht, realisiert der betroffene Mensch, wie wert-

voll diese Entwicklung ist. Die Mystik kennt den Begriff der »Gottesgeburt im Menschen« und meint damit den Einbruch einer anderen Dimension in das eigene Leben, den Aufbruch neuen Lebens, neuer Lebendigkeit, die Verheißung von Zukunft. Manchmal geschehen solche Einbrüche und Aufbrüche für das Göttliche auch mitten im Alltag. Maria begegnet zu Hause beim alltäglichen Tun dem Engel. Ich erinnere mich an einen Spaziergang mit einem Bekannten, bei dem nach dem Regen der Himmel aufriss, die Sonne schien und mir auf einmal klar vor Augen stand, dass der nächste Schritt in meinem Leben der Pilgerweg nach Santiago de Compostela sein würde.

Im Nachdenken, im Betrachten meines eigenen Lebens wird mir bewusst, an welchen Stellen Gott gewirkt hat, Göttliches geschehen ist, neues Leben geboren wurde und manchmal sogar Unmögliches möglich wurde.

9 Vor Freude hüpfen

Der Tradition nach waren Elisabet, die Mutter von Johannes dem Täufer, und Maria, die Mutter Jesu, Cousinen. Da erscheint es mehr als selbstverständlich, dass die eine die andere besucht. Maria macht sich auf, um nach der schwangeren Elisabet zu schauen, ihr zu helfen. Vielleicht wollte sie auch mit ihr sprechen, weil sie jemanden brauchte, mit dem sie über die Schwangerschaft, das Mutterwerden reden konnte. Und Elisabet – als ebenfalls Schwangere – wird sie verstanden haben, konnte sich in Maria hineinfühlen und wusste, was eine schwangere Frau durchmacht, wie sie empfindet, was sie bewegt. Josef war ihr da sicher kaum eine Hilfe. Vielleicht haben sie sich auch darüber unterhalten, was sie zuvor erlebt hatten. Immerhin wurden beide Söhne durch einen Engel angekündigt. Dass beide Kinder nicht nur eine verwandtschaftliche Beziehung zueinander haben, sondern in ihrer Aufgabe aufeinander verwiesen sind – der eine ist der Vorläufer des anderen, der eine kündigt an, was im anderen wahr wird –, wird in der Schilderung der Begegnung beider Frauen deutlich. Als Maria Elisabet begrüßt, spürt diese, wie das Kind in ihrem Leib vor Freude hüpft (vgl. Lukas 1,41). Es klingt, als ob Johannes spüren konnte, wer da zu Elisabet zu Besuch kam. Kinder geben ihren Gefühlen völlig absichtslos Ausdruck. Sie überlegen nicht erst, was die anderen darüber wohl denken, und leben ganz im Augenblick. Genau das scheint sich hier in der Reaktion des Kindes in Elisabets Bauch auszudrücken: pure Freude.

Maria ist davon so sehr berührt, dass sie einen Lobpreis anstimmt: Das sogenannte »Magnificat« (vgl. Lukas 1,46–55) ist heute noch Bestandteil des kirchlichen Stundengebetes. Der Text ist von erstaunlicher Aktualität. Denn darin wird der Hoffnung Ausdruck verliehen, dass die Mächtigen vom Thron gestürzt, die Niedrigen erhöht und die Hungernden mit Gaben beschenkt werden – eine Hoffnung, deren Realisierung mit Jesus seinen Anfang nahm im Aufbau des Reiches Gottes und die bis heute für die ganze Welt besteht. Mit ihrem Lobpreis ist Maria sozusagen die Prophetin des »Neuen Bundes«, dieses Reiches Gottes, einem Reich, in dem die gesellschaftlichen Verhältnisse dieser Welt umgedreht werden.

Maria singt im Magnificat: »Auf die Niedrigkeit seiner Magd hat er geschaut« (vgl. Lukas 1,48). Die Armen, Erniedrigten, Schwachen sind die bevorzugten Menschen Gottes. Sie bekommen bei ihm ihr Recht und werden nicht vergessen. Das Reich Gottes nimmt seinen Anfang bei Gott, stammt nicht von dieser Welt. An den Menschen liegt es, sich für diese neue Gesellschaftsordnung in der Nachfolge Jesu einzusetzen. Das Reich Gottes wird heute gerne mit den Worten Gerechtigkeit, Frieden, Bewahrung der Schöpfung inhaltlich beschrieben. Es geht um ein Sein bei den Menschen, ein Wahrnehmen ihrer Not, um eine Hilfe in ihrer Bedürftigkeit.

Maria hat Elisabet wahrgenommen in ihrer Schwangerschaft, gespürt, dass es ihr guttut, wenn jemand sie unterstützt. Wenn es heißt, dass Maria drei Monate bei Elisabet blieb, dann wird sie ihr in dieser Zeit beigestanden haben, denn immerhin war Elisabet ihr sechs Monate voraus in der Schwangerschaft und manches im Haus wird für sie zunehmend beschwerlich gewesen sein. Maria hat sich demnach um den Haushalt gekümmert, um die Mahlzeiten, um alles, was damals für eine Frau die übliche Tätigkeit war. Übertragen auf heute meint das:

Menschwerdung, Gottes Reich unter den Menschen ereignet sich im ganz normalen Alltag, im Dienst an den Menschen und am Nächsten, aber auch an der Schöpfung. Gottes Reich wird überall dort Realität, wo das menschliche Tun mehr Leben, besseres Leben für alle Geschöpfe möglich macht.

Was ebenso wesentlich dabei ist: dass wir der Freude, die wir an Gott und seinem Wirken an und in uns haben, Ausdruck verleihen. Christen sollen frohe Menschen sein. Immerhin heißt die Botschaft Jesu »Evangelium« – frohe und frohmachende Botschaft. Und was könnte froher machen als die Nachricht von einem Gott, der die Kraft und Macht hat, Gerechtigkeit zu schaffen, Barmherzigkeit an den Menschen zu üben und den Tod zu besiegen?

JOSEF

10 Aufbruch für den Engel

Es ist interessant, dass wir von Josef nicht mehr wissen, als dass ihm dreimal ein Engel erschienen ist. Dies geschieht immer im Traum, und in jedem der drei Träume werden Josef konkrete Handlungsanweisungen gegeben. Ist es im ersten Traum die Anweisung, Maria zu sich zu nehmen, wird er im zweiten aufgefordert, mit seiner Familie nach Ägypten zu fliehen, und im dritten Traum wird ihm die Nachricht überbracht, dass er nach Israel zurückkehren kann.

Viele Menschen kennen eine Art von Traum, in denen ihnen klar vor Augen geführt wird, was sie zu tun haben, welcher nächste Schritt in ihrem Leben zu gehen ist. Es ist aber eher selten, dass einem im

Traum ein Engel begegnet. Der evangelische Pfarrer und Psychoanalytiker Helmut Hark nannte die Träume die »vergessene Sprache Gottes mit uns Menschen«. Wenn ich das so betrachte, kann ich jeden Traum als göttlich oder spirituell verstehen, der mit meinem Leben zu tun hat, in dem mir wichtige Dinge klar werden. Damit sind sie im besten Sinn Lebenshilfe.

Josef erfüllt fraglos jeweils das, was ihm im Traum gesagt wird. Während Maria bei der Verkündigung der Geburt ihres Sohnes Jesus dem Engel eine Nachfrage stellt, zunächst ungläubig ist, nimmt Josef die Wegweisung des Engels sofort an, ohne sie zu hinterfragen.

Manche Neurowissenschaftler behaupten, dass Träume nichts anderes seien als biochemische Prozesse im Gehirn, die rein zufällig geschehen und keine weitere Bedeutung haben. Aus eigener Erfahrung kann ich sagen, dass Träume viel zu deutlich mein eigenes Leben und Erleben in den Blick nehmen, Botschaften für meine konkrete Lebenssituation senden, als dass sie nur Zufälliges beinhalten könnten.

Bevor Josef seinen ersten Traum hatte und dann Maria zu sich nahm, wollte er sich von Maria und dem Kind trennen, da er wusste, dass es nicht seins ist. Da er sich als »Gerechter« verstand, also als jemand, der die religiösen Vorschriften einhielt, wollte er sie nicht bloßstellen, wollte nicht riskieren, dass man Maria Untreue unterstellte, schließlich waren sie verlobt. In dieser Situation kommt der Engel und erklärt ihm, dass der Heilige Geist über Maria gekommen ist und das Kind, das sie erwartet, Gottes Sohn ist. Daraufhin nimmt Josef die schwangere Maria zu sich. Obwohl das sein Leben nicht leichter machte. Wer weiß, welchem Gerede Maria und Josef ausgesetzt waren, was man über »die da« gesagt hat, vielleicht auch, dass sie wohl »einen an der Klatsche« hätte. Denn wie kann eine junge Frau von vierzehn Jahren behaupten, ihr ungeplantes Kind sei vom Heiligen Geist?

Der Engel und seine Botschaft werden hier zum Bild dafür, dass Gott Josef aufbricht für das tiefere Verstehen dessen, was hier geschieht. Ungewöhnliches, Unerhörtes geschieht, etwas, das gegen das Gewohnte, Eingespielte, Konventionelle geht. Wenn man so möchte, nimmt das bereits das voraus, was Jesus später zur Lebenshaltung wurde: Er handelt gegen Tradition und Konvention, durchbricht eingespielte Denk- und Handlungsmuster, um den Menschen zu zeigen, dass es Gott nicht darum geht, irgendwelche Regeln einzuhalten, sondern zutiefst (mit)menschlich zu handeln – im Umgang mit anderen, aber auch mit sich selbst.

11 Der Pilger

Als ich im Jahr 2000 in mein Kloster eintrat, hatte ich einen langen Pilgerweg hinter mir. Von Taizé aus war ich nach Santiago de Compostela gelaufen. In 93 Tagen hatte ich 1800 Kilometer bewältigt, auf dem Rücken einen zehn Kilo schweren Rucksack, und hatte jede Nacht in einem anderen Bett geschlafen.

Bis heute verstehe ich den benediktinischen Weg im Kloster als die Fortsetzung meines Pilgerweges durch die Welt. Äußerlich betrachtet ist dieses klösterliche Leben genau das Gegenteil eines Pilgerweges: Ich lebe stabil an einem Ort, unterstehe einem Abt und einer Klosterregel, schlafe jeden Abend im selben Bett und jeder Tag hat den gleichen Ablauf. Im Inneren aber bin ich unterwegs – auf der Suche nach Gott.

Nach Benedikt ist die Gottsuche die einzige Aufgabe des Mönches. Im Äußeren Stabilität, Gewohnheit, Routine, im Inneren wach und unterwegs – so könnte ich mein Leben gut zusammenfassen. Und diese beiden Elemente prägten auch das Leben des Josef aus Nazaret.

Der Tradition nach war er Zimmermann, mit Maria verlobt (vgl. Lukas 1,27) und ein gerechter Mensch (vgl. Matthäus 1,19). Darin klingt an, dass er rechtschaffen war, seiner Arbeit nachgegangen ist, sie sorgfältig erledigt hat. Und jemand, der die Gebote Gottes, die Tora achtete und danach lebte, der Ehrfurcht vor Gott hatte. Auch das meint »gerecht sein« in biblischer Sprache.

Das Leben Josefs und sein Alltag waren sehr wahrscheinlich eingespielt und folgten einer gewissen Routine, ohne große Abwechslung, aber auch ohne viel Trubel, ohne große Sorgen und Nöte. Doch gleichzeitig kann ein Zimmermann seine Arbeit nur mit innerer Wachheit und einer Präsenz im Augenblick sorgfältig tun. Er muss achtsam, respektvoll mit den Materialien und dem Werkzeug umgehen und das Holz bearbeiten. Diese Wachheit und Präsenz halfen ihm aber auch, die Hinweise Gottes in seinem Leben zu verstehen und zu einem neuen, unerwarteten Weg mit Maria und Jesus aufzubrechen.

Der Stab, den die Josefsfigur in der von mir gestalteten Krippe in der Hand hält, und der Schritt, den zu setzen er im Begriff ist, sind für mich Symbole für sein Pilgersein. Der Stab ist einem Pilger auf seinem Weg Stütze und Halt. In Psalm 23 heißt es: »Der Herr ist mein Hirt, nichts kann mir fehlen [...] Muss ich auch gehen in finsterer Schlucht, ich fürchte kein Unheil; Dein Stab und dein Stecken, sie geben mir Zuversicht« (Psalm 23,1.4). Der Pilger vertraut darauf, dass Gott ihm die Kraft schenkt für den Weg, den er geht, und zugleich darauf, dass er unter dem Schutz Gottes sein Ziel sicher erreichen wird.

Die Tatsache, dass Josef kein Gesicht hat, also Augen, Nase und Mund nicht ausgearbeitet sind, bietet jedem, der diese Figur betrachtet, die Möglichkeit, sich mit ihr zu identifizieren. Jeder kann sozusagen sein Gesicht in den Josef hineinlegen. Damit wollte ich zum Ausdruck bringen: Jedes Leben ist eine Reise, ein Unterwegssein, eine Pilgerschaft. Jeder Mensch entwickelt sich, ist Veränderungen ausgesetzt, wandelt sich. Das Ziel, zu dem jeder unterwegs ist, ist die Vollgestalt seiner eigenen Persönlichkeit. Jesus spricht in diesem Zusammenhang von der »Fülle des Lebens«, die jeder erfahren soll (vgl. Johannes 10,10). Daher geht es im Unterwegssein, im Aufbruch immer um die Frage: Wohin will sich mein Leben entwickeln, wie kann ich noch mehr zu einer oder meiner ganzen Persönlichkeit reifen? Wie kann ich zu dem Menschen werden, als den Gott sich mich gedacht hat, um ganz Mensch zu werden im Sinne Gottes, um »gerecht« zu sein vor Gott, wie es die Bibel ausdrückt?

Auch Josef ist diesen Entwicklungsweg, diesen Pilgerweg gegangen. Er ist aufgebrochen zu sich selbst. Wahrscheinlich hatte er gedacht, dass sein Leben einfach immer weiter in den vertrauten Bahnen läuft, so wie er es von seinem Vater gelernt hatte. Dann aber bricht Gott in seine Welt ein und stellt sie auf den Kopf. Der Engel ist es, der ihn beauftragt, Maria zu sich zu nehmen, keine Angst zu haben und der ihm sagt, dass das Kind vom Heiligen Geist ist.

Jetzt ist er mit einer Verlobten konfrontiert, die nicht von ihm schwanger ist. Das verändert sein bisheriges Weltbild und das Bild, das er von seinem Leben hatte. Josef muss noch einmal ganz neu aufbrechen, ein anderer werden, über den Schatten springen, dass er nicht der Vater des Kindes ist. Und lernen, seine Frau anders zu sehen: als die von Gott Erwählte. Vielleicht kann diese Erfahrung des Josef auch auf unser Leben ein neues Licht werfen.

Gotteserfahrungen und -begegnungen sind nicht so sehr besondere Erleuchtungserfahrungen, sondern ereignen sich in und an den Bruchstellen unseres Lebens, dort, wo wir herausgefordert werden, uns und die Welt mit anderen Augen zu sehen, uns weiterzuentwickeln. Wir schweben nicht in anderen Sphären bei solchen Erfahrungen, werden heilig, sondern müssen uns aufmachen, ein anderer, eine andere zu werden.

12 Der Hörende

Die Josefsfigur in der von mir gestalteten Krippe ist zwei Meter hoch. Betrachtet man ihn von Weitem, hat man den Eindruck, dass sein Blick in die Ferne geht, dass er Ausschau hält und den vor ihm liegenden Weg in den Blick nimmt. Diesen Weg hat er zuvor seinem Inneren, seinen Träumen, letztlich Gott abgelauscht (vgl. Matthäus 2,13–14). Manch andere Josefsfigur wird dargestellt mit einem großen Ohr, manchmal hat er sogar noch die Hand dahinter gelegt, um dieses Lauschen deutlich zu machen. In der Regel des Benedikt spielt das Hören ebenfalls eine große Rolle. Sie beginnt sogar damit: »Höre, mein Sohn, auf die Weisung des Meisters« (Regel Benedikts, Prolog 1). Und ähnlich wie bei Josef geht es hier um ein Hören auf Gott.

Auch heute versuchen viele Menschen in ihrem Alltag, dieses Hören zu üben. Zum Beispiel, indem sie sonntags den Gottesdienst besuchen und das Wort Gottes in den Lesungen und die Auslegung des Wortes in der Predigt hören. Oder täglich eine Schriftbetrachtung halten und darin Wegweisung für ihr Leben zu finden hoffen. Dabei ist der Weg immer der gleiche, nämlich von einem äußeren Hören zu einem Hören nach innen, um herauszufinden, welche göttliche Wegweisung jeder Einzelne für sich und sein konkretes Leben heute darin entdecken kann.

Die Mystiker aller Jahrhunderte waren aber darüber hinaus der Ansicht, dass jeder Mensch in einen unmittelbaren Dialog mit Gott treten kann, dass es keines Lehramtes, keiner Predigt bedarf, damit ein Mensch göttliche Weisung für sein Leben erfährt. Jeder kann diese Spur in seinem Inneren erkennen und finden.

Josef muss in einem solchen Hören nach innen, in einem Schärfen seiner geistlichen Sinnesorgane geschult gewesen sein, sonst wäre er nicht so fraglos seinen Träumen gefolgt. Er ließ sich darauf ein und vertraute darauf, dass er in seinen Träumen die Stimme Gottes gehört hatte.

Es braucht Mut, sich den eigenen inneren Wegweisungen zu stellen, vor allem dann, wenn man nicht so sehr wie Josef davon überzeugt ist, dass Gott zu einem gesprochen hat im Traum. Es braucht Mut und großes Vertrauen, auf die eigene innere Stimme zu hören, denn oft ist es gerade die Stimme, die einen sozusagen in Schwierigkeiten bringt.

Ein geistlicher Grundsatz sagt: Gott ist die je leisere Stimme in mir. Es sind dann oft die Bedenken, die man sich selbst nicht wirklich eingesteht, oder das Unbehagen, das man spürt, ob in einer Beziehung, im Job, in einer Lebenssituation, die in dieser leisen Stimme flüstern, aber auch keine Ruhe geben. Und mich hinweisen wollen darauf, dass Änderungen in meinem Leben anstehen. Nicht wenige Menschen suchen genau deshalb die Stille, die Ruhe eines Klosters, um zu sich und zu Gott zu kommen, um die eigene innere verlässliche Stimme und Wegweisung hören und Konsequenzen ziehen zu können, fernab des Trubels der Welt.

Josef hatte den Mut, auf diese Stimme Gottes zu hören. Er ist dem Engel gefolgt. Die Tradition seiner Religion hätte eigentlich verlangt, dass er seine Frau, die ja offensichtlich in den Augen der anderen fremdgegangen war, verstößt. Sicherlich wird hinter seinem Rücken viel geredet worden sein. Manche werden ihn auch verachtet haben und wollten vielleicht mit ihm nichts mehr zu tun haben. Trotz alldem entscheidet sich Josef für die Gebote der Menschlichkeit und nimmt Maria an, ob das Kind nun von ihm ist oder nicht. Das Hören auf die Stimme Gottes bedeutet eben oft auch, gesellschaftliche und religiöse Erwartungen und Vorschriften zu brechen, sich dadurch vielleicht ins Aus, ins Abseits zu stellen, um sich selbst und Gott treu zu bleiben. Jesus wird es später genauso tun. Auch ihm ist der Mensch wichtiger als die religiösen und gesellschaftlichen Erwartungen.

Entgegen der Tradition habe ich den Josef in meiner Krippe als jungen Mann dargestellt. Dass er in der Regel als älterer Mann dargestellt wird, ist eine Überlieferung, die aber keine biblische Tradition hat.

Als ich noch einmal das, was in der Bibel zu Josef überliefert ist, gelesen habe, kam mir dabei ein Satz aus der Benediktsregel in den Sinn: »Manchmal gibt Gott den Jüngeren ein, was das Richtige ist« (Regel Benedikts 3,3). Es sind meist die jungen Menschen, die Kritik am Bestehenden üben, die Träume haben und Visionen, neue Wege und Neues ausprobieren wollen. Im Buch Joel heißt es sogar: »Eure Söhne und Töchter werden Propheten sein« (Joel 3,1). Und das gilt eigentlich noch immer für heute: Der junge Josef steht für die innere Bereitschaft junger Menschen, immer wieder neu aufzubrechen, den eigenen Träumen und Visionen zu folgen, der Stimme Gottes in sich selbst mehr zu folgen als dem, was andere Menschen einem vorschreiben wollen oder von einem erwarten.

Vielleicht lohnt es sich, sich daran zu erinnern, in welchen Träumen mir schon Wegweisung gegeben wurde. Aber auch, welche Träume ich früher einmal von meinem Leben hatte, was mich lebendig werden lässt, welche Begabungen, welche Talente und welche Verantwortung ich habe. Die Verantwortung, die aber jedem von uns gegeben wurde, ist, das eigene Leben zu gestalten und es in Fülle zu leben.

13 Aufbruch zur Rettung

Nachdem die drei Sterndeuter nach seiner Geburt Jesus in der Krippe gefunden und ihm ihre Gaben überreicht haben, erscheint Josef zum zweiten Mal ein Engel Gottes im Traum und trägt ihm auf, mit Maria und Jesus nach Ägypten zu fliehen (vgl. Matthäus 2,13). König Herodes, so sagt ihm der Engel, beabsichtige, Jesus zu finden und zu töten. In einem einzigen Satz beschreibt der Evangelist Matthäus dann die Flucht: »Da stand Josef auf und floh in der Nacht mit dem Kind und dessen Mutter nach Ägypten« (Matthäus 2,14). Josef flieht mit seiner Familie im Schutz der Dunkelheit. Und eilig wird er es gehabt haben, zu groß war die Angst, dass Jesus wirklich gefunden und getötet werden könnte. Im nächsten Kapitel berichtet Matthäus vom Kindermord in Betlehem, bei dem alle Jungen bis zu zwei Jahren getötet wurden. Die Absicht des Königs Herodes war nichts anderes als die Ausschaltung eines möglichen Konkurrenten. Die Sterndeuter hatten sich auf ihrem Weg zur Krippe in Jerusalem erkundigt, wo der neu geborene König der Juden zu finden sei. Herodes ließ daraufhin die drei Männer zu sich kommen und sprach mit ihnen. Er sagte ihnen, wenn sie ihn gefunden hätten, sollten sie zurückkommen und es ihm berichten, damit auch er hingehen könne, um Jesus, dem neuen König, zu huldigen. Den Sterndeutern aber wurde ebenfalls im Traum geboten, nicht zu Herodes zurückzukehren. Herodes sah sich getäuscht und war darüber so erbost, dass er den Kindermord anordnete, um sichergehen zu können, dass dieser neue König auch tatsächlich getötet würde. Nichts anderes als Machtverlust fürchtete er.

Im Psychologischen können wir hier vom Ego, der Selbstbezogenheit des Herodes sprechen, vielleicht sogar von Narzissmus. Er definiert sich ganz über sein Königtum und die Macht, die er hatte. Wenn ein Mensch sich darüber definiert, sein Selbstverständnis darauf aufbaut, wird es gefährlich. Dann ist jede Kritik ein Angriff auf das Selbstwertgefühl. Mächtige, die keine Opposition dulden, die Kritiker ausschalten, einsperren, töten lassen, sind symbolisiert im König Herodes. Der Jesus, der durch die Flucht nach Ägypten gerettet wird, wird später zeigen, was er unter Macht versteht: Macht muss immer dem Heil der Menschen dienen. Er setzt die seine als Gottes Sohn ein, um zu heilen, aufzurichten, aber auch, um den religiös Mächtigen ins Gewissen zu reden und ihren Machtmissbrauch aufzuzeigen.

Zudem zeigt sich hier wieder einmal, wie lebensnah und konkret Gott handelt und spricht: Durch seinen Engel macht er Josef klare, konkrete Ansagen. Gott ist kein Freund der hohen theologischen, der klug und scharfsinnig ausgefeilten Reden. Er ist ein Gott der Tat, der Praxis.

Und der Handwerker Josef setzt die Anweisungen des Engels praktisch um. Das hat wahrscheinlich Josef seinen Selbstwert gegeben: dass Gott ihn im Blick hat, er eine Aufgabe für ihn hat, er ihn führt und begleitet durch seine Träume, seinen Engel und er sich auf seine innere, tiefe, wahrhaftige Stimme verlassen kann.

So gesehen kann man wohl sagen, dass die »heilige Familie« eine Flüchtlingsfamilie gewesen ist, die sich vor Verfolgung geschützt hat und in Ägypten politisches Asyl bekommen hat. Aus heutiger Sicht wissen wir, was es bedeutet, als Flüchtling zu leben.

Wer wochenlang mit nur einem Ziel vor Augen unterwegs ist, wird sich immer wieder fragen: Werde ich heil ankommen? Werde ich Aufnahme, eine neue Heimat finden? Auf den Weg kann man meist nur das Notwendigste mitnehmen: das, was man tragen kann.

Aber selbst wenn die Flucht gelingt, ist es schwer, in einem neuen Land Fuß zu fassen, Anerkennung als Flüchtling zu finden, seinen Lebensunterhalt zu verdienen, anzukommen. Über die Jahre, die Josef, Maria und Jesus in Ägypten waren, wird uns in der Bibel nichts berichtet, aber es wird auch für sie keine leichte Zeit gewesen sein. Das Volk Jesu, die Israeliten, wussten von ihren Vorfahren von der Erfahrung des Exils in Ägypten. Über Jahrhunderte lebte das Volk Israel in der Unterdrückung in Ägypten, in der Fremde – bis Mose es heraus in die Freiheit führte.

Die spätere Aufforderung Jesu, jeden Menschen anzunehmen und aufzunehmen, sich besonders der Notleidenden zu erbarmen, gründet wahrscheinlich zum einen in dieser Erfahrung des Volkes Israel, in einem fremden Land leben zu müssen, andererseits auch in seiner eigenen Erfahrung als Flüchtling in

JOSEF

Ägypten. Wie wohltuend ist es, wenn man an einen fremden Ort kommt, gastfreundlich von den Menschen aufgenommen wird, einem Wohlwollen entgegengebracht wird, man sich willkommen fühlt, Raum findet, in dem die Seele atmen kann. Die Flucht nach Ägypten war für Jesus aber auch die Rettung vor Herodes. Viele Menschen verlassen heute ihre Heimat, weil sie Angst um ihr Leben haben, Angst, im Krieg zu sterben, wirtschaftlich in die Armut zu geraten und ein Leben zu haben, das diesen Namen nicht verdient.

Erst als Herodes gestorben ist, kann Josef zurückgehen in sein Land und sich dort niederlassen. Auch diese Botschaft bekommt er im Traum von einem Engel (vgl. Matthäus 2,19–20); es ist der dritte Traum Josefs, der uns überliefert ist. Er geht aber nicht nach Judäa zurück, weil dort der Sohn des Herodes regierte und Josef sich vor ihm fürchtete. Stattdessen geht er in das Gebiet von Galiläa, nach Nazaret. Auch hier muss er ganz neu anfangen, sich ein neues Leben aufbauen, Fuß fassen. Wenn wir uns auf den Weg Gottes mit uns Menschen einlassen, wissen wir nie, welche Herausforderungen auf uns zukommen, welche Wege zu gehen und zu bewältigen sind.

Immer wieder wird es Abbrüche und Aufbrüche geben, gilt es, neue Wege zu gehen, ein anderer zu werden. Vielleicht werde ich dann auch für die anderen in meinem Leben ein Fremder, einer, der auf einmal so ganz anders ist als man ihn kannte, einer, der vielleicht Wege geht, die rational betrachtet völlig unvernünftig sind. Josef hat Gott vertraut, ist seine Wege gegangen, durch alle Unbequemlichkeiten hindurch. Das bleibt uns nicht erspart, es lässt uns aber wachsen und reifen.

14 Geborgen in Gott

Schaut man in die Überlieferung und auch auf die Traditionen gerade der katholischen Kirche, so war beinahe jahrtausendelang das Bild von Gott als einem Mann, vielmehr noch eines Patriarchen, der regiert, straft, be- und verurteilt, prägend. Nicht zuletzt, um damit die patriarchal-hierarchischen Strukturen innerhalb der Institution zu stützen und zu rechtfertigen. Alle weiblichen und mütterlichen Aspekte Gottes übertrug man auf Maria, auch wenn sie selbstverständlich nicht als göttlich angesehen wurde. Für Jesus selbst war Gott jedoch wie Vater und Mutter. Das wird deutlich in dem Wort »Abba«, mit dem er Gott anspricht. Übersetzt man es wörtlich, heißt es so viel wie »Papi, Vati«. Darin steckt viel Zärtlichkeit. Wer seinen Vater so anspricht, drückt damit aus, dass er bei ihm Nähe und Geborgenheit findet. Für Jesus ist Gott also zunächst der Liebende, Bergende. Einer, bei dem man keine Angst zu haben braucht. Egal, mit welchem Anliegen, welcher Sorge, welcher Schuld man zu ihm kommt: Zunächst gilt einem der liebende, gütige Blick.

Einen solchen Blick hat auch die Figur der Maria in meiner Krippe auf das Jesuskind. Ihr Kopf und ihr Blick sind ihm zugewandt, Jesus birgt sich in ihrem Schoß. Vielleicht konnte Jesus seinem himmlischen Vater gerade deshalb vertrauen, weil er von Beginn seines Lebens an durch seine Eltern gelernt, gespürt hat, was es bedeutet, geborgen zu sein, beschützt, aufgehoben. Sein Sprechen und Erzählen von Gott ist durchzogen von dem Bild eines liebenden, bergenden Gottes, zum Beispiel im Bild des Guten Hirten (vgl. Johannes 10,11), im Gleichnis vom verlorenen Schaf (vgl. Lukas 15,4) oder vom verlorenen Sohn (vgl. Lukas 15,11–32), in dem der Vater seinen nach Hause zurückkehrenden Sohn umarmt, ihn in seinen Armen birgt. Es geht immer um Gott, der rettet, verzeiht, den Menschen liebt wie ein Vater sein eigenes Kind.

Gott freut sich über jeden, der seine Nähe sucht, sich ihm zuwendet. Und diese Haltung zeigt Jesus auch gegenüber anderen Menschen, er handelt also sozusagen nach dem Vorbild seines Vaters, gerade gegenüber Ausgestoßenen, Sündern und anderen am Rand der Gesellschaft Stehenden. Mit ihnen hält er Mahl, schenkt ihnen Nähe und Gemeinschaft, Freundschaft und Geborgenheit. Letzten Endes hat ihn genau dieses Verhalten sein Leben gekostet. Die maßgeblichen religiösen Autoritäten konnten nicht ertragen, dass da einer so von Gott spricht, dass einer Sündern Gottes Nähe und Barmherzigkeit zusagt. Man hielt es für Gotteslästerung, dass sich ein Mensch im Namen Gottes so verhält. Und auf Gotteslästerung stand die Todesstrafe. Als Jesus am Kreuz stirbt, sind es die Frauen, die bei ihm bleiben und sich von den Obrigkeiten und der Macht und der Gewalt der Römer nicht einschüchtern lassen, die ihm ihre liebende Nähe schenken. Und es sind Frauen, die ihn nach seinem Begräbnis im Felsengrab mit wohlriechenden Ölen salben wollen (vgl. Lukas 24,1).

Zudem ist es kein Zufall, dass die Osterbotschaft von seiner Auferstehung zuerst den Frauen verkündet wird (vgl. Lukas 21,1–8; Matthäus 28,1–8). Jene, die in ihrem Leib neues Leben bergen und austragen, werden zu Verkünderinnen, dass das Leben stärker ist als der Tod und von Gottes Lebendigkeit umfangen ist. Auch wir Menschen sind selbst im Tod noch von der göttlich-liebenden Wirklichkeit und Nähe umgeben, in ihr geborgen, getragen. Aus ihr können wir nie herausfallen.

Es gehört zur Menschwerdung jedes Einzelnen, sich in dieses Vertrauen einzuüben, gerade in den Schwierigkeiten und Herausforderungen des eigenen Lebens. Viele schwierige Situationen, viele Brüche hätte ich ohne mein Gottvertrauen und den Glauben, dass am Ende alles gut wird, nicht gemeistert. Im Leben geht es immer um ein Aufstehen und das Setzen von Schritten zur eigenen Menschwerdung. Um des Lebens willen. Gott will, dass das eigene Leben gelingt und es Leben in Fülle ist.

Für dieses Leben in Fülle kann Gott mit der Geborgenheit, der unbedingten Liebe, der Mitmenschlichkeit, die er schenkt, Vorbild sein. Diese Haltung Menschen gegenüber war auch das Revolutionäre an Jesus. Diese häufig als eher weibliche Attribute betrachteten Eigenschaften sind wesentlich für Gott und sein Handeln in und an den Menschen. Wer also Jesus nachfolgen will, muss sich ihn in dieser Weise zum Vorbild nehmen und nicht als der, der Gott als höchsten Richter auf einen Thron setzt, den Mann über die Frau stellt, Menschen aufgrund ihres Tuns und Lassens oder Liebens verurteilt.

15 Gott bricht auf zum Menschen

In Jesus von Nazaret ist Gott Mensch geworden, das ist einer der wesentlichen Glaubenssätze der christlichen Kirchen. Beim Konzil von Nizäa (325) wurde zudem für die kirchliche Lehre festgelegt und entschieden, dass Jesus sowohl ganz Mensch wie auch ganz Gott gewesen ist. In den Jahrhunderten zuvor hatte es viele Auseinandersetzungen darüber gegeben, wer oder was er wirklich war: Ganz Gott mit einem »Scheinleib«, ganz Mensch, der in seiner Taufe als Gottes Sohn von diesem adoptiert wurde?

Jesus selbst hat immer wieder auf seine enge Verbindung mit Gott verwiesen, sei es in seiner Anrede Gottes als »Papa«, sei es in der Aussage, dass er und der Vater eins seien (vgl. Johannes 10,30) oder dass, wer ihn gesehen hat, Gott gesehen hat (vgl. Johannes 14,9). Nicht zuletzt sind es die Art und Weise, wie er redet (vgl. Lukas 4,43) und seine Taten, die nahelegen, dass in ihm göttliche Kräfte wirken. In ihm wird eine Wirklichkeit und eine Kraft erfahrbar, die

die Menschen als »übermenschlich« wahrnehmen, werden die Menschen von Gott berührt. Ähnliches haben wir selbst wahrscheinlich alle schon erfahren: Augenblicke, die besonders waren, in denen »eine andere Energie« zu spüren war. Diese Erfahrung hat das Konzil von Nizäa reflektiert und in die Formulierung gefasst, dass Jesus ganz Gott und ganz Mensch gewesen ist.

In Jesus ist Gott zum Menschen aufgebrochen, er hat sich auf den Weg gemacht, damit der Mensch ihn ganz konkret, leibhaftig erfahren kann. Gott macht sich in Jesus für den Menschen begreifbar, fassbar. In der Theologie, also der wissenschaftlichen Lehre über Gott, redet man gerne davon, dass Gott viel mehr, viel größer als all das sei, was man über ihn sagen könne, und er sei dem, was wir nicht über ihn sagen können, ähnlicher als dem, was wir über ihn sagen können. Gott sei ein Geheimnis, das man nicht fassen und begreifen könne. In seiner Menschwerdung macht Gott aber eben deutlich: Er will sich nicht verstecken, das große, unbekannte Geheimnis bleiben, sich dem Menschen entziehen, angebetet werden – immer mit gebührender Distanz. Gott kommt dem Menschen so nahe wie nur möglich. Jesus nennt

seine Jünger, also die Menschen, die mit ihm gehen, ihm nachfolgen, »Freunde« und sehr bewusst nicht Knechte oder Sklaven, wie es durchaus Usus war zu seiner Zeit. Ein Knecht – so sagt Jesus – weiß nicht, was sein Herr tut. Er aber hat seinen Jüngern alles gesagt und offenbart, was ihm der Vater gesagt hat (vgl. Johannes 15,15).

Jesus macht kein Geheimnis aus seiner Person. Er schenkt sich den Menschen als der, der er als Gottes Sohn ist: Liebender, Barmherziger, Freund. In manch einem Gebet im Gottesdienst wird heute die Anrede Jesu als »Herr Jesus Christus« ersetzt durch »Du, unser Freund Jesus«. Das gefällt mir. Die Anrede »Herr« schafft eher eine Distanz, die Anrede »Freund« schenkt Nähe, Vertrautheit. Das ist auch das Vermächtnis Jesu, das, was seinen Freunden von ihm in Erinnerung bleiben soll. Vor seinem Tod hält er mit ihnen ein Mahl der Liebe, bekannt als das letzte Abendmahl. Die Worte, die er dabei über Brot und Wein spricht – »Das ist mein Leib, mein Blut« – bezeichnen in der Muttersprache Jesu, dem Aramäischen, die Person selbst und nicht Fleisch und Blut im physischen Sinn. Wenn die Jünger dieses Mahl zur Erinnerung an Jesus feiern, dann ist das Brot nicht nur Brot, das sie essen, der Wein nicht nur Wein, sondern er selbst ist dann gegenwärtig, er selbst schenkt sich ihnen mit seiner Liebe. Wir kennen das Wort »einverleiben« und meinen damit, dass sich jemand etwas ganz zu eigen macht. Wer dieses Mahl feiert, das Brot isst und den Wein trinkt, der macht sich die Liebe und Barmherzigkeit Jesu zu eigen, sie sind in ihm gegenwärtig. Rational verstehen kann und muss man das nicht. Das Entscheidende ist: In diesem Mahl geschieht Vereinigung mit Gott. So wie Jesus Gott war, ganz eins mit seinem Vater, so nehmen die Christen in dem Brot des Abendmahles Jesus und damit Gott in sich auf. Das ist tatsächlich ein Geheimnis, das verstandesgemäß nicht verstehbar ist. Deshalb feiern es Christen immer wieder. Denn wenn überhaupt, dann wird im Feiern, im Vollzug des Ritus die andere, göttlich-liebende Wirklichkeit greifbar und spürbar.

Ähnliches kennen wir selbst aus der Beziehung zu anderen Menschen: Wir können rational nicht verstehen, was Liebe ist, warum ein anderer uns sein Vertrauen, seine Zärtlichkeit, sich selbst schenkt. Aber wir können das spüren, wenn wir beieinander sind, uns geborgen, gehalten fühlen. Wenn wir manchmal im Advent oder an Weihnachten etwas salopp sagen: »Mach's wie Gott, werde Mensch«, dann meint Menschwerdung, dass durch meine Person, durch mein Handeln und Tun, durch mein Schenken von Liebe und Nähe, Geborgenheit und Annahme der andere etwas von der göttlichen Liebe und Nähe erfährt. Wann immer ich dem anderen das schenke, ist es letztlich Gott, der sich durch mich hindurch dem anderen zuwendet und für den anderen erfahrbar und spürbar wird.

16 Aufbruch des Himmels

Mit dem Fest der Taufe Jesu am Sonntag nach Dreikönig endet in der katholischen Kirche der sogenannte Weihnachtsfestkreis, der mit dem ersten Advent begonnen hat. Die Taufe Jesu gehört dazu, weil in ihr das, was an Weihnachten gefeiert wird, bestätigt wird: In Jesus begegnet uns der menschgewordene Gott. Zu Johannes, der Jesus tauft, zogen die Menschen damals in Scharen. Er lebte in der Wüste, ernährte sich einfach bis asketisch, und nicht wenige hielten ihn für den ersehnten Messias, den Erlöser Israels. Ihnen sagte Johannes aber sehr deutlich, dass er das nicht war, sondern nur dessen Vorläufer. Die Taufe, die er vollzog, war ein Zeichen der Umkehr: Er erwartete die baldige Ankunft des Erlösers, und so war es für Johannes an der Zeit, dass die Menschen ihr Leben auf Gott ausrichteten und nach seinen Geboten lebten. Sie fragten ihn: »Was sollen wir tun?« Und er gab ihnen genaue Auskunft darüber, was mit Umkehr gemeint ist (vgl. Lukas 3,2–15).

Wie selbstverständlich stellt sich Jesus in die Reihe der Menschen, die sich von Johannes taufen lassen wollen. Er versteht sich als einer von ihnen, als Mensch unter Menschen. Als er nun von Johannes getauft, im Jordan untergetaucht wird, kommt eine Taube auf ihn herab und die Stimme Gottes sagt aus dem Himmel zu ihm: »Du bist mein geliebter Sohn, an dir habe ich Gefallen gefunden« (Johannes 3,22). Hier bricht im wahrsten Sinne des Wortes der Himmel auf. In Jesus kommt der Himmel – wenn man so will – auf die Erde. So ist der Himmel nicht länger eine entfernte, schwer zu erreichende Wirklichkeit, sondern physisch greifbar in Jesus von Nazaret.

Mit der Geburt des Gottessohnes hat wirklich eine Zeitenwende stattgefunden. Natürlich war Gott auch vor der Geburt Jesu in dieser Welt präsent: Mose erfährt ihn am brennenden Dornbusch als der »Ich-bin-da« (vgl. Exodus 3,14), mit Noah schließt er seinen Bund im Zeichen des Regenbogens nach der Sintflut (Genesis 9,12–16), Elija ist er am Berg Horeb nahe als »verschwebendes Schweigen«, wie Martin Buber die Erfahrung der Gottesgegenwart übersetzt (vgl. 1 Könige 19,12). Aber mit der Geburt Jesu ist Gott unter den Menschen anwesend. Voraussetzungslos und bedingungslos. Er braucht keine Opfer. Er liebt sie einfach so, wie sie sind.

Die Zeitenwende wird deutlich in der Haltung, die dahintersteht. Bis zu diesem Moment haben Menschen den Göttern oder einem Gott Opfer dargebracht. Das macht aus beiden so etwas wie Vertragspartner. *»Do ut des«*, »ich gebe, damit du gibst«, nannte man diese Haltung im Mittelalter: Beide profitieren davon. Gott wird mit dem Opfer geehrt und dafür verschont er den Menschen von der Strafe für seine Sünden. Bis heute können sich viele von diesem Denken nur schwer lösen. Die Gabenbereitung in der katholischen Messe wird immer noch als »Opferung« bezeichnet. Vom Tod Jesu wird immer noch als einem Opfer gesprochen. Das mag die eigentliche Sünde des Menschen sein: nicht glauben und vertrauen zu wollen und können, dass es bei Gott einzig und allein um Liebe geht.

Mehr sagt Gott bei der Taufe seines Sohnes nicht: »Mein geliebter Sohn.« Man könnte auch sagen: »Ich bin Liebe. Ich kann nicht anders, als zu lieben.« Wenn heute getauft wird, spricht man das den Täuflingen oft zu: »Du bist geliebte Tochter, geliebter Sohn Got-

tes.« Besiegelt wird es mit einem Öl, mit dem schon die Könige Israels gesalbt wurden und das als Zeichen ihrer Erwählung durch Gott zu verstehen ist und als das ihrer Würde, die sie als König haben. Die Bejahung, die Annahme, die Liebe Gottes ist jedem Menschen wie ein Siegel eingeprägt. Glauben heißt daher nichts anderes, als sich lieben zu lassen, das Vertrauen zu haben, dass man sich bei Gott nicht absichern muss, sondern schlicht und einfach »Geliebter« sein darf.

ENGEL

17 Verkünder und Beschützer

Das deutsche Wort »Engel« leitet sich vom griechischen Wort *angelos* ab, das »Bote« meint. Zacharias und Maria haben den Engel Gottes so erlebt. Er überbrachte ihnen die frohe Botschaft von der Geburt ihrer Kinder. Bei der Verkündigung der Geburt Jesu an die Hirten auf dem Feld sagen sie: »Ehre sei Gott in der Höhe« (Lukas 2,14) und machen damit deutlich, dass Gottes Wirklichkeit über den Menschen hinausgeht, größer ist als der Mensch. In den Engeln bricht diese Wirklichkeit Gottes zu den Menschen auf, kommt in Berührung und Kontakt mit ihnen, wird greifbar, fassbar und erfahrbar. Auch hier wird wieder deutlich: Gott will in Berührung sein mit den Menschen und ihnen stärkend zur Seite stehen.

Im Buch Tobit im Alten Testament nimmt der Bote Gottes, der Erzengel Raphael, sogar menschliche Gestalt an und wird dem Tobias als Reisebegleiter an die Seite gestellt (vgl. Tobit 5,4). Er hat eine schwierige Aufgabe zu erfüllen und dabei manch gefahrvolle Situation zu bestehen. Raphael ist ihm auf seiner Reise Behüter und Beschützer. Er sagt ihm, wie er sich verhalten soll und dass er keine Angst zu haben braucht. Aber auch, dass er heil aus allen gefährlichen Situationen herauskommen wird.

Elija, eine andere biblische Figur, begegnet ebenfalls einem Engel. Er hat sich niedergeschlagen in die Wüste zurückgezogen und ist eigentlich bereit zu sterben, als ein Engel erscheint und ihm frisch gebackenes Brot und Wasser bringt. Er sagt zu ihm: »Steh auf und iss, sonst ist der Weg zu weit für dich!« (vgl. 1 Könige 19,1–8). Der Engel hilft ihm, damit er seinen Weg fortsetzen kann, den er zu gehen hat.

Nach dem Tod Jesu sind es Engel, die am Grab sitzen und den Frauen die Auferstehung verkünden. Sie erfahren durch die Boten Gottes, dass das Leben stärker ist als der Tod und Gott ein Gott des Lebens ist, der selbst aus dem Tod errettet.

Vielleicht hat der fest in unserer Tradition verankerte Glaube an einen Schutzengel, der vor Gefahren bewahrt oder aus Gefahr rettet, in diesen Erlebnissen seinen Ursprung. Haben wir gefahrvolle Situationen heil und unbeschadet überstanden, sagen wir manchmal spontan und intuitiv: »Da habe ich aber einen guten Schutzengel gehabt.«

Im Menschen scheint es ein Gespür für die Wahrnehmung der anderen, größeren, göttlichen Wirklichkeit zu geben, die uns beständig umgibt, in uns wirkt, atmet und lebt, uns begleitet, stärkt und im Tod ins Leben führt.

18 Boten und Fürsprecher

Untrennbar verbunden mit Weihnachten und der Person Jesu ist die Friedensbotschaft. Die Engel auf dem Feld bei den Hirten verkünden nicht nur, dass Gott in der Höhe Ehre gebührt, sondern auch, dass den Menschen Frieden werden soll: »Ehre sei Gott in der Höhe und Friede auf Erden den Menschen seiner Gnade.«

Wir erleben in unserer Zeit, wie brüchig der Friede ist, wie schwer, wieder zum Frieden zu finden, wenn der Krieg einmal begonnen hat. Der Wunsch nach Frieden gehört in jeder katholischen Messe zur Liturgie. Bevor die Menschen das Mahl halten, Brot und Wein teilen, darin eine Gemeinschaft sind, sagt ihnen der Priester den Frieden Jesu zu. Die eine Gemeinschaft im Glauben, die in dem gemeinsamen Mahl gefeiert wird, soll auch im Leben deutlich werden. Wenn Menschen in ihrem alltäglichen Leben einander annehmen, wie es Jesus getan hat, sich gegenseitig akzeptieren, respektieren, dann herrscht Frieden. Aber genau das fällt vielen schwer. Gerade in ihrem Alltag, gerade weil dieser Alltag so oft ganz anders ist als »Friede, Freude, Eierkuchen«. Es ist ein Weg, diesen Frieden, diesen Respekt immer mehr zu leben.

Deshalb habe ich den Engel in meiner Krippe auch einen »Engel im Werden« genannt. Nach und nach schälte er sich aus dem Baumstamm heraus, dessen Rinde er noch trägt. Er wurde sichtbar. Auch jetzt hat er noch immer Ecken und Kanten, Risse, Kerben. Sie sind eher »zufällig« bei der Bearbeitung des Stammes mit der Kettensäge entstanden, haben sich ereignet. Es ist kein glatt geschliffener, aalglatter, liebreizender Engel. Darin zeigt sich, dass Engel nicht nur Gottes Botschaft zum Menschen tragen, sondern sie auch die Menschen vor Gott tragen – mit ihren Sorgen, Nöten, den »Rissen« in ihrem Leben, den Kerben und Wegwunden, die ihnen von anderen, vom Leben zugefügt wurden.

Der Engel steht aber auch für jene Wunden, die wir anderen zufügen. Alle Verletzungen, die uns zugefügt werden, und auch jene, die wir anderen zufügen, sind von und bei Gott angenommen, aufgehoben, ge-

borgen. Das kann helfen, die eigenen Wunden und Fehler, die eigenen Schwächen, das Leid, die eigenen dunklen, auch aggressiven Seiten zu akzeptieren.

Nur so kann ich als Mensch wirklich ich selbst werden, eben weil ich nicht nur die »Hochglanzseite« habe, das Bild bin, das ich anderen gerne von mir zeige, sondern weil Verletzungen, Ecken und Kanten genauso zu mir gehören. Der Engel kann dafür ein Bild sein, jemand, der all das vor Gott trägt. Und bei dem ich doch schon weiß, dass er und damit auch ich von Gott mit allem, was zu mir gehört, angenommen bin.

Natürlich bleibt die Zielperspektive die, dass ich mich wandle, reife, Fehler ablege, in der Annahme meiner selbst und der anderen wachse, dass Wunden heilen. In jedem Menschen darf sich also nach und nach der Bote Gottes herausschälen, herauswachsen: die Person, die Gottes Wort weitersagt, seinen Spuren folgt, Frieden stiftet, Menschen mit ihren Sorgen zu Gott trägt und so die liebende, heilende, stärkende Wirklichkeit Gottes auch heute für Menschen erfahrbar werden lässt in dieser Welt.

DIE HIRTEN

19 Sich auf den Weg machen

Lukas ist der einzige Evangelist, der von den Hirten berichtet. Ihnen wird die Botschaft der Geburt Jesu als Erste verkündet. Wie bei der Verkündigung an Maria und Zacharias muss der Engel Gottes die Hirten zunächst beruhigen, weil sie sich über dessen Erscheinen erschrecken. Er sagt zu ihnen: »Fürchtet euch nicht, denn ich verkünde euch eine große Freude« (Lukas 2,10).

Wie anders als mit Erschrecken soll man reagieren, wenn mitten im Alltag, mitten im gewohnten und gewöhnlichen Tun eine andere Wirklichkeit einbricht, man von einem Lichtglanz eingehüllt wird? Dennoch geht es gar nicht um Furcht, sondern wie schon zuvor bei Maria und Zacharias um Freude:

Die Hirten und das ganze Volk sollen sich freuen, weil der Retter geboren wurde (vgl. Lukas 2,11). Auf diesen Retter hatten die Menschen zur Zeit Jesu schon lange gewartet. Die Propheten des Alten Testamentes hatten ihn angekündigt, davon gesprochen, dass der Messias Gottes kommen werde. Was dabei eigentlich Rettung bedeutet, darüber gab es verschiedene Ansichten. Die einen glaubten an die Befreiung des Volkes Israel aus den Händen der römischen Besatzung, also eher an eine politische Tat. Die anderen verstanden Rettung eher spirituell, also als Errettung aus den irdischen »Belastungen« der Menschen wie Sünde und Leid.

Allerdings hatte wohl niemand ernsthaft erwartet, dass der Retter in Gestalt eines Kindes, eines Menschen geboren werden wird, sondern eher, dass er von Engeln und Posaunenklang begleitet vom Himmel herabschwebt und das Reich Gottes errichtet. Aber die Hirten sind auch vielleicht nicht die Adressaten, die die meisten Menschen für diese Verkündigung erwartet hätten. Und obwohl der Engel ihnen nicht gesagt hatte, wo genau sie das neugeborene Kind, den Retter, denn finden würden, machen sie sich auf nach Betlehem. Sie hinterfragen die Bot-

schaft des Engels nicht, sondern folgen ihr einfach. Wahrscheinlich war die Begegnung mit dem Engel so klar, so lichtvoll, so deutlich, dass es nichts zu fragen gab.

In Betlehem finden sie, was ihnen verheißen worden ist: das Kind, das in Windeln gewickelt in einer Krippe liegt. Das göttliche Kind. Bis heute sind die Hirten ein Bild für das, was Kirche eigentlich meint: der Raum und Ort, in dem Gott gefunden werden kann, Menschen ihrer Sehnsucht nach dem Mehr im Leben Raum geben können. Wer den Weg in die Kirche findet, soll Gott erfahren können, ihm begegnen.

Wenn die Bischöfe als Hirten der Kirche bezeichnet werden, ist klar, was ihre Aufgabe ist: Menschen zu einer Begegnung mit Gott zu führen, ihnen Antwort auf die Sinnfrage zu geben, ihnen aufzuzeigen, warum wir die Hoffnung in einer Welt, die oft so unerlöst, in Krieg und Terror verstrickt erscheint, nicht aufgeben sollen. In Zeiten der Kirchenkrise ist die Tragkraft dieser Bilder brüchig geworden. Das Vertrauen in die Hirten ist vielerorts verloren gegangen. Mir sagte einmal jemand: »Sei dein eigener guter Hirte und du wirst ankommen.« Gemeint war nicht nur ein Ankommen bei Gott nach dem Tod, sondern ein Ankommen bei sich selbst. Der Satz verweist auf die Verantwortung jedes Einzelnen für seinen Weg. Das göttliche Kind, das die Hirten finden, kann ein Bild sein für den göttlichen Menschen, der in jedem von uns geboren und gefunden werden will; immer wieder neu, immer tiefer, immer echter, wahrhaftiger. Gott finde ich zuerst in mir selbst. Aber dann auch in jedem anderen Menschen, der mit mir unterwegs ist.

DIE KÖNIGE

20 Losgehen

»Da kamen Magier aus dem Osten nach Jerusalem« (Matthäus 2,1) – so schlicht, so einfach schreibt der Evangelist Matthäus über die Personen, die heute als die drei Könige bekannt sind. Er spricht also weder von Königen noch von der Zahl derer, die da kamen. Die Einheitsübersetzung der Bibel scheut sich, das griechische Wort *magoi* mit »Magier« zu übersetzen und wählt stattdessen »Sterndeuter« als gültige Übersetzung. Weil die Magier, die da kommen, einem Stern gefolgt sind, der in ihrer Deutung die Geburt eines neuen Königs ankündigte. Deshalb machen sie sich auf den Weg, brechen sie auf. In unserem heutigen Wortgebrauch sind Magier eher Zauberkünstler, die in großen Shows tolle Tricks aufführen, die Menschen staunen lassen. In seiner ursprünglichen

Bedeutung ist der Magier aber ein Priester, ein heiliger Mann, ein Schamane. Er weiß um die Geheimnisse des Lebens und seine größeren Zusammenhänge im Universum. Dazu gehört auch, die Bedeutung der Sterne und ihrer Konstellationen zu erkennen und zu verstehen. Die Magier also erkennen den besonderen Stern oder besser eine besondere Sternenkonstellation und deren Bedeutung und machen sich auf den Weg.

Wer in seinem Leben einen Aufbruch wagt wie die Magier, handelt auch intuitiv, das heißt, er fühlt sich angesprochen, im Innersten berührt von etwas. Änderungen und Aufbrüche im eigenen Leben gelingen nur, wenn ich tief innen spüre, dass ich dies oder jenes jetzt tun muss. Die rationale Einsicht in die Notwendigkeit einer Änderung reicht nicht aus. Es muss sozusagen vom Kopf ins Herz rutschen, es braucht das innere Verstehen, die Berührung mit der eigenen Sehnsucht nach einem anderen, neuen Leben, um aufzubrechen. Die Magier hätten den Stern sehen, seine Bedeutung erkennen und dann auch sagen können: »Dieser König, dessen Geburt der Stern verkündet, geht uns nichts an. Wir bleiben zu Hause.« Aber sie trauen ihrer Sehnsucht und gehen los.

Dem eigenen Stern zu folgen, bedeutet, der eigenen Sehnsucht, den Fragen im Herzen zu folgen: Was fasziniert, was berührt mich? Welche Vision habe ich von meinem Leben? Welcher Weg bringt mich in Berührung mit dem Göttlichen in meinem Leben? Welche Gestalt will das Göttliche durch mich und in mir annehmen?

Kürzlich sprach ich mit einer jungen Frau, die sich auf die Suche nach Gott gemacht hat, weil sie in einem Gottesdienst einen persönlichen Segen zugesprochen bekam und davon so tief berührt war, dass sie auf einmal weinen musste. Zudem »ertappte« sie sich immer wieder dabei, abends im Bett zu beten. In einer christlichen Buchhandlung fiel ihr ein Buch in die Hände, in dem eine Atheistin von ihrem Weg zum Glauben erzählt. Für die junge Frau waren das alles keine Zufälle, sondern Ereignisse, die sie berühren, Sterne, die leuchten und die sie der Spur und ihrer Sehnsucht nachgehen ließen, dass da doch etwas Größeres oder jemand Größeres sein muss.

Ich selbst erinnere mich daran, wie mir in meiner Suchbewegung nach dem Weg für mein Leben auf einmal sehr klar und hell vor Augen stand: Hier gehöre ich hin. Die Sehnsucht nach dem Mönchsein und nach Gott brach durch, und ich konnte nicht anders, als diesem Stern, dieser Wegweisung zu folgen. Manchmal führt eine solche scheinbare Eindeutigkeit aber dazu, dass wir uns unserer Sehnsucht verschließen oder sie aus unserem Leben ausschließen, weil wir meinen, unseren Platz, unseren Weg letztgültig gefunden zu haben. Doch die Sehnsucht ist manchmal größer, als wir denken. Und das Leben hält immer wieder Überraschungen für uns bereit. Ich möchte daher für die größeren Zusammenhänge des Lebens, für das Göttliche, für meine eigene Sehnsucht offenbleiben, meine Intuition schulen, die Augen offen halten. Damit ich vielleicht zur rechten Zeit wieder aufbrechen und meinem Stern folgen kann.

21 Unterwegs

Wir wissen nicht, wie weit der Weg war, den die Sterndeuter zurückgelegt haben, und wie lange sie unterwegs waren. Der katholische Theologe Karl Rahner hat einen wunderschönen Text über die drei Könige geschrieben (»Von der seligen Reise des gottsuchenden Menschen«, in: Geist und Leben 22, Würzburg 1949). Er ist ungewöhnlich, zeigt eine andere Perspektive auf die drei Magier, als wir sie aus der Bibel kennen. Er schreibt darin, dass sie zum einen auf ihrem Weg an Menschen vorbeikommen, die in ihren Alltagsgeschäften versunken sind und mit dem Kopf schütteln, als sie die Weisen sehen auf ihrem Weg der »nutzlosen Verschwendung ihres Herzens«.

Aber allein diesem Herzen und seiner Führung vertrauen sie. Ich kann aber auch die Menschen verstehen, an denen sie vorbeiziehen: Die Versuchung eines immer gleichbleibenden Rhythmus ist, dass man irgendwann zufrieden ist, wenn alles so läuft, wie es immer läuft, wenn das Gewohnte funktioniert. Man gerät in die Gefahr, im Alltäglichen zu versinken, mit dem »Normalen« zufrieden zu sein. Der lateinamerikanische Befreiungstheologe Dom Helder Camara formuliert es positiv: »Um jeden Preis müssen die reiselustige Seele deines (Lebens-)Bootes und deine Pilgerseele bewahrt bleiben.« Das ist gemeint, wenn Karl Rahner schreibt, dass die Weisen ihrem Herzen folgen. Sie sind angebunden an ihre innere Sehnsucht. Sie sind wach für das, was sie im Innersten berührt, bewegt.

»Gott ist auf dem Weg immer noch mehr zu finden«, schrieb er weiter. Mit der Menschwerdung Gottes, der Entfaltung des göttlichen Menschen in mir bin ich nie am Ende, nie fertig. Die Sterndeuter, die Magier, die Weisen sind dem Stern gefolgt. Ich glaube, darum geht es: den eigenen Lebensstern nicht aus den Augen zu verlieren oder, wie es unser ehemaliger Abt gerne sagt, »dynamisch zu sein und zu bleiben«, die Vision, den Traum vom eigenen Leben, das Vertrauen in die eigene Intuition, die innere göttliche Stimme, was richtig und wichtig für mein Leben ist, nicht zu verlieren.

Meinem Stern zu folgen meint auf der einen Seite, offen für das Neue, für die Sehnsucht zu bleiben. Es meint aber auch, genau das in meinem Alltag umzusetzen. Hier muss es sich durchbuchstabieren, hier gilt es, die Vision vom eigenen Leben durchzutragen. Also auch im fünfmaligen Gebet am Tag, in der Annahme des Mitbruders, wie er ist, in der gelebten Gastfreundschaft und Offenheit jedem gegenüber, der ins Kloster kommt.

Meine mir von Gott geschenkte Kreativität zu entfalten, bedeutet daher manchmal auch, das Kleinklein des Handwerks, das Bearbeiten von Stein und Metall sorgfältig auszuführen. Menschen, die nicht im Kloster leben, müssen ebenfalls ihren Alltag gestalten, in Beziehungen Verschiedenheiten aushalten, Kompromisse finden, immer wieder den Menschen sehen und neu entdecken, in den sie sich verliebt haben. Setze ich mich für meine Vision von Gerechtigkeit und Frieden unter den Menschen ein, muss ich Bürokratie aushalten, komme ich manchmal an den Rand der Verzweiflung, bin ich Anfeindungen ausgesetzt.

Karl Rahner schreibt, dass die Weisen »verschlungene Wege« gehen. Manchmal weiß man eben nicht, ob der Weg, den man gerade geht, wirklich zum Ziel führt, oder man verliert die Hoffnung, dass wirklich alles ein gutes Ende nimmt. Doch dabei ist genau das der direkte Weg zu Gott. Jeder Tag ist ein neuer Aufbruch, die Chance, meinem Stern zu folgen, meiner Sehnsucht zu trauen, im Alltag meine Vision zu leben.

22 Ankommen

Im Lauf der Geschichte sind aus den Magiern oder Sterndeutern, wie es in der Bibel heißt, in der Tradition früherer Zeiten Könige geworden. Die Festlegung, dass es drei Könige waren, die zur Krippe und zum neu geborenen Gottessohn kamen, steht in Zusammenhang mit der im Mittelalter bekannten Welt. Man wusste nur von drei Kontinenten: Afrika, Asien und Europa. Damit kommt in den drei Königen symbolisch die ganze damals bekannte Welt zu Jesus und verehrt ihn, betet ihn an. Wenn nach christlicher Überzeugung Jesus der wahre König des Himmels und der Erde ist, verneigt sich in den drei Königen die Welt vor ihm. Darin wird deutlich: Derjenige, der Macht hat, muss diese vor Gott verantworten.

Jeder Mensch hat Macht, nicht nur die Könige oder die Politiker dieser Welt. Über Sprache und Kommunikation kann ich auch im Alltag Macht ausüben. Zum Beispiel, indem ich auf subtile Weise Erwartungen formuliere und mein Gegenüber fast keine andere Wahl hat, als diese zu erfüllen. Vielleicht tue ich dies sogar, weil ich weiß, dass der Adressat meiner Erwartungen ein harmoniebedürftiger Mensch ist, der allen gefallen und es allen recht machen will. Oder wenn ich bei der Arbeit eine Leitungsfunktion innehabe und Entscheidungen treffen kann, Einfluss ausübe. Oder in der Familie, in der Beziehung: Ich kann immer mit Liebesentzug drohen – direkt oder indirekt.

Aus christlicher Perspektive ist Macht immer anvertraute Macht. Daher wurden beispielsweise Könige Israels gesalbt. Es war ein Zeichen ihrer Erwählung durch Gott. Das steckt auch noch in Formulierungen wie »Königtum von Gottes Gnaden«. Auch in dem Schwur bei der Vereidigung von Politikern kommt die Verantwortung, die sie vor Gott haben, zum Ausdruck: »So wahr mir Gott helfe!«

Wenn ein Mensch den Gottesbezug nicht hat, ist die Gefahr größer, dass er seine Macht absolut setzt, dass er sich daran klammert und seinen Selbstwert dadurch definiert. Dann fällt das Loslassen schwer. Viele Herrscher, die augenblicklich in der Welt Krieg

führen, tun dies, um ihren Machtbereich zu vergrößern und damit ihre eigene Wichtigkeit und Bedeutung zu verstärken. So wie König Herodes, der es mit der Geburt eines Kindes mit der Angst zu tun bekam, dass dieser neue König ihm seinen Thron streitig machen könnte. Also nahm er den Tod der Kinder in Betlehem in Kauf. Er klammerte sich an seine Macht und konnte sie nicht loslassen, weil er sonst auch seinen Selbstwert verloren hätte. Jeden potenziellen Konkurrenten musste er ausschalten.

Der Selbstwert eines Christen gründet in dem Bewusstsein, dass jeder Mensch Gottes Sohn beziehungsweise Tochter ist, bedingungslos geliebt und angenommen, bejaht und gewollt. Das gilt für jeden gleich. Die Art und Weise, wie ich mit anderen umgehe, muss sich daran orientieren. Das schließt eine gesunde Selbstfürsorge ein. Nur wer gut für sich und sein Wohl sorgen kann, kann dies auch für andere tun.

Die drei Könige in der von mir gestalteten Krippe sind sozusagen nur symbolisch anwesend: in drei Kronen, die am Dreikönigstag an die Krippe vor das Jesuskind gelegt werden. Sie zeigen: Sie waren dort,

haben das Kind angebetet, ihre Kronen abgelegt und sind weitergezogen. Darin drücken sie ihre Demut aus, ihre Bereitschaft, anzuerkennen, dass es einen König gibt, vor dem sie verantwortlich sind. Es ist ein Zeichen von Größe, wenn ich anerkennen kann, dass es eine größere Macht gibt, die wir Gott nennen und vor der jeder Verantwortung trägt.

23 Leer werden

Als die drei Könige, die drei Weisen bei Jesus ankommen, niederknien und ihn anbeten, bringen sie ihm ihre Gaben dar: Weihrauch, Gold und Myrrhe (vgl. Matthäus 2,11). Karl Rahner spricht in seinem Text über die drei Weisen vom »Weihrauch der Sehnsucht, dem Gold der Liebe und der Myrrhe der Schmerzen«. Alles drei hat das Leben dieser Pilger ausgemacht. Sie sind aufgebrochen, weil sie eine Sehnsucht in sich gespürt haben, sie tragen in sich eine Liebe zu Gott, dem Göttlichen, dem größeren Geheimnis des Lebens, und sie wissen um die Schmerzen, die ein solcher Pilgerweg mit sich bringt.

Man kann sagen, dass sie in den Gaben sich selbst Jesus darbringen, mit allem, was ihr Leben ausgemacht hat. Sie halten es Gott hin und werden, wenn man so will, in ihrer Ankunft, in ihrem Niederknien leer. Sie schenken alles, was sie haben und sind, dem neugeborenen Sohn Gottes.

Jetzt, wo die Weisen nach verschlungenen Wegen angekommen sind, legen sie sich selbst vor Gott ab und sind durch ihr Leerwerden ganz empfangsbereit geworden. Nicht mehr festhalten, kein Klagen über die Schmerzen, sondern Dankbarkeit über das Ankommen. Ganz im Augenblick sein und das wahrnehmen, was ist.

In der Kontemplation, der christlichen Meditation, geht es genau darum: sich still niederzulassen auf einem Stuhl, auf einer Matte, zu verharren, zu bleiben und zu atmen. Die Gedanken weiterziehen zu lassen, sie nicht zu verfolgen – das lenkt nur ab. An allem, was hochkommt, nicht anhaften, weder an Gedanken noch an Schmerzen noch anderen Dingen. Es erinnert an Maria, deren Bauchraum ausgehöhlt, leer ist, damit sie Jesus darin bergen kann. Jetzt Gott, Jesus in mir einen Raum zu geben – darum geht es. Das Göttliche in mich hineinfließen zu lassen, Gottes Geist in mich aufzunehmen und daraus zu leben und zu handeln.

Der Dichter Angelus Silesius konnte sagen: »Wird Christus tausendmal in Betlehem geboren, aber nicht in dir, du bleibst doch ewiglich verloren« (Cherubinischer Wandersmann I, 61). Gott ereignet sich in der Gegenwart. In der Bibel ist der Kurzname Gottes: »Ich bin da.« Hier und jetzt.

Wir sind oft die Gestressten, die Gehetzten, immer schon mehrere Gedanken voraus. Mache ich mich leer, lege ich alles Gott zu Füßen, lege ich mich in seinen Schoß, kann sein Licht auf mich fallen, kann er in mich einziehen, kann in mir das Gespür für seine Gegenwart erwachen. Leer werden meint auch, alles abzulegen, was Gott in meinem Leben nicht entspricht, was Leben eher verhindert als fördert. Und dann aufstehen, aufbrechen, um in den Alltag zurückzukehren und Licht zu sein.

24 Rückkehr, aber anders

Nach ihrem Besuch bei Jesus wird den Königen im Traum von einem Engel geboten, auf ihrem Rückweg nicht bei Herodes einzukehren, um ihm Bericht zu erstatten. Sie nehmen den Traum ernst und ziehen »auf einem anderen Weg heim in ihr Land« (Matthäus 2,12). Eine Erfahrung, die viele kennen: Der Rückweg ist immer ein anderer als der Hinweg. Selbst wenn man die gleiche Strecke wählt: Mit der veränderten Perspektive sieht alles ganz anders aus, schaut man anders auf die Dinge. Zudem: Rückkehr bedeutet, dass man an ein Ziel gelangt war und dort etwas erlebt hat. Dieses Erleben verändert einen selbst, man kehrt nicht mehr als Derselbe von dort zurück.

Manchmal ereignen sich auch Dinge im Leben, die einem keine Wahl lassen und einen zwingen, einen neuen, anderen Weg zu gehen. Der Rückweg ist versperrt, man kann nicht mehr dorthin zurück, wo man herkam. Das kann der Fall sein, wenn der Lebenspartner die Beziehung beendet, wenn einem der Arbeitsplatz gekündigt wird oder man plötzlich mit einer lebensbedrohlichen oder lebensverändernden Krankheit konfrontiert ist. Solche ungeplanten und unerwarteten Richtungsänderungen stellen einen selbst infrage: Bin ich es nicht mehr wert, geliebt zu werden? Werde ich ausrangiert, bin ich zu alt, nicht mehr nützlich? Warum straft mich das Leben oder der liebe Gott so?

Man wird durch solche Ereignisse tatsächlich ein anderer, muss sich verändern, weil es zum alten Ich, ins alte Leben keine Rückkehrmöglichkeit mehr gibt. Plötzlich teilt sich das Leben in ein »Davor« und »Danach«. Denke ich an meine Begegnungen mit Menschen im Rahmen meiner Arbeit als Notfallseelsorger zurück, wurde ich bei Einsätzen häufig unmittelbar mit diesem verstellten Rückweg und den damit verbundenen Fragen konfrontiert. Ich habe mich immer geweigert, auf die Frage nach dem Warum zu antworten. Zum einen habe ich darauf wirklich keine Antwort und zum anderen habe ich den Betroffenen immer wieder gesagt: »Vielleicht finden Sie in einigen Jahren im Rückblick selbst eine Antwort.« Wenn überhaupt, dann kann man im Rückblick sagen, warum diese Ereignisse wichtig waren, was man daraus vielleicht gelernt hat – auch durch Schmerz, Wut und Trauer hindurch.

Solche verstellten Rückwege kündigen sich aber auch an, wenn man einen inneren Ruf verspürt, eine innere Klarheit hat, dass man etwas ändern muss. Man weiß plötzlich genau: Ich muss das jetzt tun, sonst lebe ich an mir vorbei. Viele Menschen spüren so etwas wie eine Berufung. Und natürlich ist diese nicht beschränkt auf den explizit geistlichen Weg. Jemand, der seinen Beruf oder auch sein Engagement in der Welt als Berufung erlebt, dem spürt man häufig auch noch nach Jahren und Jahrzehnten die innere Leidenschaft, das innere Feuer an, das sie erfüllt, ausfüllt, wenn sie von ihrem Tun, ihrer Aufgabe sprechen.

Als Schüler konnte ich mit Kunst nicht viel anfangen, das Fach lag mir überhaupt nicht. Das lag aber vielleicht daran, dass ich zu der Art von Kunst, die wir in dieser Zeit behandelten und vielleicht auch im Unterricht ausführten, keinen Zugang fand. Als ich ins Kloster eintrat, spürte ich aber auf einmal eine Faszination für das Bildhauen, bei der ich nicht mehr das Gefühl hatte, dass es mir um ein Wollen geht, sondern es war schon ein Müssen, das ich spürte. Kein »ich möchte gerne, ich würde gerne, wenn es möglich wäre«, sondern ein: »Da führt jetzt kein Weg dran vorbei«. Ich war sogar bereit, wieder auszutreten, wenn der handwerkliche und bildhauerische Weg im Kloster nicht möglich gewesen wäre.

Ich erinnere mich an einen Satz unseres früheren Abts: »Wenn dir etwas wirklich wichtig ist, machst du es auch nachts.« Er meinte damit: Wenn eine Leidenschaft, ein Ruf nicht zum Beruf, zur Hauptaufgabe im Kloster werden kann, muss sie zumindest ein Hobby werden, für das man bereit ist, auch seinen Schlaf zu opfern. Eine Berufung ist so stark, dass man bereit ist, Schwierigkeiten und Unannehmlichkeiten in Kauf zu nehmen, weil es einem ein Herzensanliegen ist.

Einer meiner Mitbrüder ist Hobbyastronom und verbringt eine Menge Zeit nachts in seiner Sternwarte. Er bekommt leuchtende Augen, wenn er wieder einmal davon erzählt, welche spannenden Phänomene am Himmel und im Universum er beobachtet hat. Mich fasziniert auch ein anderer Mitbruder, der ebenfalls Künstler ist, und immer wieder auf dem Gelände des Klosters Gegenstände findet, die er dann in seinen Werken verwendet. Von jedem Teil, das er findet, erzählt er einem die Geschichte dieses Gegenstandes und bekommt dabei ebenfalls leuchtende Augen. Im Letzten sind das alles Wege, auf denen Göttliches sichtbar, spürbar wird. Es ist Berührung mit dem Göttlichen, die einen Menschen lebendig macht, bei dem er der Mensch wird, als den Gott sich ihn gedacht hat.

Spürt ein Mensch in sich, dass sein Weg eine Kursänderung, einen anderen Rückweg braucht, ist sich aber unsicher, in welche Richtung sein Weg gehen soll, darf er immer der Freude trauen, kann er ihren Spuren folgen: Der Weg, der in ihm mehr Freude und größere Lebendigkeit wachruft, selbst, wenn er dabei Hindernisse überwinden muss, ist der richtige. Denn Gott ist immer dort zu finden, wo mehr Leben, mehr Freude möglich ist.

SILVESTER

Loslassen

Der Jahreswechsel ist für viele Menschen ein Punkt, an dem sie innehalten, auf das vergangene Jahr zurückschauen und das neue in den Blick nehmen. In den letzten Jahren ist auch das Bewusstsein für die sogenannten Raunächte gewachsen. Als Raunächte werden die zwölf Tage zwischen Weihnachten und Dreikönig bezeichnet. Ihnen wird eine besondere Qualität zugesprochen, sie sind eine Schwellenzeit, der Übergang vom alten in das neue Jahr.

Darin wird deutlich, dass Menschen Zeit brauchen, um gut diese Schwelle zum neuen Jahr hin zu überschreiten und nicht nur einfach »irgendwie« in das neue Jahr kommen wollen. Sie wollen bewusst zurückschauen, das Alte loslassen und sich auf das Kommende ausrichten. Das kann mit Blick auf die Figur der Maria mit dem beleuchteten Riss in drei Schritten geschehen:

1. Im Rückblick auf das zu Ende gehende Jahr kann ich mich an die Momente erinnern, die für mich geleuchtet haben, die voll göttlichen Lichts gewesen sind, besondere Momente, die unvergesslich sind und sich mir tief eingeprägt haben, in denen das Leben einfach nur gelungen und besonders war.

2. Die schwierigen Situationen und Momente des Jahres dürfen in den Blick kommen. All das, was mich traurig gemacht hat, wo Dinge sich verhakt haben, das Leben blockiert war und nicht mehr geflossen ist, wo eine Beziehung und Freundschaft zerbrochen ist, liebe Menschen gestorben sind, wo ich herausgefordert war, loszulassen und Abschied zu nehmen. Auf diese Situationen darf ich einen lichtvollen Blick haben.

Mit zeitlichem Abstand, jetzt, am Ende des Jahres, kann ich sehen, welchen Sinn die ein oder andere schwere Situation hatte, kann das (göttliche) Licht in diesen Begebenheiten erkennen und spüren, was ich in diesen Situationen und durch sie lernen durfte, wie ich an diesen Momenten gewachsen bin und etwas Wesentliches über mich und das Leben gelernt habe.

Wenn ich das Licht in diesen Momenten sehen kann, dann fällt auch die notwendige Aussöhnung leichter, kann ich besser loslassen, um dann ungehindert und frei in das neue Jahr zu gehen.

All das, was mir nicht gelungen ist, all das, was zerbrochen, zersprungen ist, wo ich mich als gescheitert erlebt habe, an mir fast verzweifelt wäre, kann ich in das göttliche Licht hineinhalten, es Gott hinhalten. Ändern kann ich es nicht mehr, aber es abgeben und verabschieden; es muss mich nicht mehr belasten. Ich darf in Frieden mit mir und Gott in das neue Jahr gehen.

3. Im Zugehen auf das neue Jahr kann ich mich fragen, was werden will, was sich entwickeln möchte, welches Licht aus mir heraus in die Welt scheinen will, wo vielleicht bereits jetzt etwas aufgebrochen ist, etwas begonnen hat, in mir zu wachsen, das nun durch mich in die Welt hineingetragen werden will.

Das kann ein persönlicher Reifungsschritt sein, ein inneres Wachstum, ein Zugewinn an wahrer Erkenntnis und Weisheit, Humor. Es darf eine Begeisterung für eine Sache sein, ein Interesse, das erwacht, eine neue Beziehung, eine neue Freundschaft, ein Berufsziel.

Habe ich so zurück- und vorausgeblickt, kann ich das Erkannte und Bewusstgewordene jeweils auf einem Zettel notieren: die Highlights, das Zerbrochene und Misslungene, das, was werden will. Die Highlights und das, was werden will, kann ich an einem Ort hinterlegen, an dem ich sie aufgehoben weiß. All das Zerbrochene und nicht Gelungene, das ich notiert habe, kann ich in einem kleinen Ritual verbrennen. Das Feuer kann helfen, diese Dinge wirklich loszulassen, mich davon zu trennen. Es muss mich nicht mehr beschäftigen. In den Händen Gottes sind diese Dinge liebevoll, barmherzig aufgehoben.

DREIKÖNIG

Freude, Dank, Empfangen

Ich mag den Dreikönigstag sehr. Knapp zwei Wochen nach Weihnachten scheint er mir immer wie ein zweites Weihnachtsfest. Die Magier, die Sterndeuter, die drei Könige kommen zum neugeborenen Jesus, dem Gottessohn, und legen ihre Gaben vor ihm nieder. Noch einmal wird das Kind als Mensch gewordener Gott gewürdigt. Von den Sterndeutern heißt es, dass sie von großer Freude erfüllt wurden, als der Stern über dem Stall stehen blieb und sie am Ziel ihrer Reise angekommen waren (vgl. Matthäus 2,10).

Das ist sicher ein Gefühl, dass die meisten Menschen kennen, die Freude, die einen erfüllt, wenn man etwas erreicht hat: das Ziel des Pilgerwegs, das Bestehen einer Prüfung, das Erreichen einer sportlichen Bestmarke oder das Bewältigen einer persönlichen Krise oder Erkrankung. Man freut sich, dass man es geschafft hat, dass man vielleicht auch den inneren Schweinehund überwunden und sich selbst etwas bewiesen hat.

Freude ist auch die Haltung eines der Könige, die ich in Ergänzung für meine Krippe 2024 gearbeitet habe. Jeder der Figuren habe ich eine »königliche Lebenshaltung« gegeben. Die erste »königliche Lebenshaltung« ist in meinen Augen die eines Tanzenden, der sich unbändig freut. Tanz ist Ausdruck der Lebensfreude, der Lebendigkeit. Der Tänzer legt seine ganze Lebendigkeit, seine ganze Hingabe an das Leben in seinen Tanz. Er geht darin auf, Tanz und Person verschmelzen miteinander. Dahinter steht für mich die Erkenntnis: Weil Jesus als der Sohn Gottes in Betlehem als Mensch geboren wurde, ist das Schicksal der Menschen nicht mehr der Tod, sondern das Leben.

Das Leben wird immer stärker sein als der Tod. Wenn das kein Grund zum Tanzen ist! Wir werden nicht in den Fängen des Todes, des Schmerzes, der Hoffnungslosigkeit, unserer Wunden festgehalten. Wir können aus alldem immer wieder aufbrechen und dem Leben entgegentanzen.

Bei uns im Kloster gibt es an Ostern, dem Fest dieser Auferstehung zum Leben, dem Sieg des Lebens über den Tod, nach dem Gottesdienst den sogenannten Ostertanz, der vom Jugendkurs organisiert wird. Besucher schauen immer überrascht, wenn Mönche und Jugendliche ausgelassen zusammen tanzen, sich freuen. Sie bringen es oft nicht mit ihrem Bild von Kirche zusammen. Die Botschaft Jesu ist aber: »Trau dem Leben, freu dich an deinem Leben, gib die Hoffnung nie auf, dass es besser wird, und lebe mit Gottvertrauen.«

Der zweite König verkörpert die »königliche Lebenshaltung« des Dankes: gefaltete Hände und einen dankbar erhobenen Kopf. Ein guter König ist einer, der in sich die Dankbarkeit trägt. Er weiß sich in seinem Leben beschenkt und sieht die Dinge, die er hat – Macht, Besitz, ein gutes Leben – nicht als selbstverständlich an. Sie sind eine Gabe, von Gott gegeben. Deshalb kommen die drei Könige zu Jesus, dem Gottessohn. Weil sie wissen, wem sie alles Gute in ihrem Leben zu verdanken haben. Eine solche Haltung bewahrt einen davor, sich als König absolut zu sehen oder zu denken, dass man sich alles selbst erarbeitet und erreicht hat und man daher zu sich selbst und anderen hart sein kann, sie immer nur fordert und von ihnen etwas fordert. Dankbarkeit ist Demut in einem anderen Gewand: Man erkennt, was man alles nicht in der Hand hat und was einem jeden Tag geschenkt wird.

In unseren Gottesdienst am Dreikönigstag haben wir ein Spiel eingebaut: Nach der Predigt treten aus verschiedenen Richtungen in der Kirche drei Könige mit ihren Begleitern auf. Sie entdecken den Stern, folgen ihm, er führt sie zur Krippe. Dort knien sie nieder und legen ihre Gaben – Gold, Weihrauch, Myrrhe – ab. Von der Krippe nehmen sie dann Brot und Wein mit, für die Feier der Eucharistie, des Abendmahles, der Danksagung. Brot und Wein sind Symbole des menschlichen Lebens. Das Brot steht für den Alltag, der nicht immer leicht ist. Wein steht für die Freude, auch für das Besondere, das Fest als Gegensatz zum Alltag. Gott ist zu danken für das Leben, das er uns schenkt, das wir im Alltag und an Festtagen leben, gestalten und feiern dürfen – im Miteinander und Füreinander. Beides wird in der Gabenbereitung vor Gott gebracht – und verwandelt. Jesus selbst schenkt sich darin mit seiner Liebe. Gott selbst ist wie Brot und Wein für die Menschen, er

stärkt sie und möchte, dass sie sich freuen. Wir kennen es von den gemeinsamen Mahlzeiten zu Hause oder im Restaurant: Wenn wir mit der Familie, mit Freunden essen und trinken, die Gemeinschaft genießen, dann stärkt uns das: leiblich und in unserem Zusammenhalt. Gemeinsame Mahlzeiten sind Leben pur, in denen wir häufig spüren, dass es etwas gibt, dass in diesen Begegnungen über uns hinausweist: ein »Mehr«, das mit Worten nicht zu beschreiben ist.

Den dritten König habe ich daher in der »königlichen Lebenshaltung« des Empfangens dargestellt, symbolisiert durch geöffnete, leere Hände. Sie zeigen seine Bereitschaft, das Leben anzunehmen, so, wie es sich zeigen und gestalten wird. Dazu braucht es mein Vertrauen, dass es gut werden wird, aber auch den Mut, es in die Hand zu nehmen, es zu wagen und zu gestalten. Es wird nicht perfekt werden, aber eines, auf das ich täglich mit Dankbarkeit schauen darf. Ich gebe mir dabei selbst das Versprechen, die Freude und die Dankbarkeit nicht zu vergessen und die Gelassenheit zu üben, weil ich weiß: Gott ist mit mir auf dem Weg. In diesem Jahr und in allen Zeiten meines Lebens.